现代人力资源管理研究

李汉水　曲杰　黄冬　主编

延边大学出版社

图书在版编目（CIP）数据

现代人力资源管理研究 / 李汉水，曲杰，黄冬主编. -- 延吉：延边大学出版社，2023.9
ISBN 978-7-230-05515-4

Ⅰ. ①现… Ⅱ. ①李… ②曲… ③黄… Ⅲ. ①人力资源管理－研究 Ⅳ. ①F243

中国国家版本馆CIP数据核字(2023)第186506号

现代人力资源管理研究

主　　编：李汉水　曲　杰　黄　冬
责任编辑：李　磊
封面设计：文合文化
出版发行：延边大学出版社
社　　址：吉林省延吉市公园路977号　　邮　　编：133002
网　　址：http://www.ydcbs.com　　E-mail：ydcbs@ydcbs.com
电　　话：0433-2732435　　传　　真：0433-2732434
印　　刷：三河市嵩川印刷有限公司
开　　本：710×1000　1/16
印　　张：13.25
字　　数：240 千字
版　　次：2023 年 9 月 第 1 版
印　　次：2024 年 1 月 第 1 次印刷
书　　号：ISBN 978-7-230-05515-4

定价：65.00元

编 写 成 员

主　　编：李汉水　曲 杰　黄 冬

副主编：李 涛　刘德武　李 玲　周 颖
　　　　张 燕　王 惠　李丽丽

编　　委：张露薇

编写单位：济南市总工会综合事务服务中心

莱西市人力资源和社会保障局公共就业和人才服务中心

国家能源集团煤炭经营分公司（国能销售集团有限公司）

滕州市洪绪镇卫生院

广东省职业训练局

淄博市卫生健康事业发展中心

陕西建工第七建设集团有限公司

德州市德城区妇女儿童医院（德州市德城区妇幼保健院）

淄博市妇幼保健院

晋城市公共就业服务中心

海南核电有限公司

前　言

随着经济全球化的发展，组织间的竞争变得越来越激烈，外部环境条件和技术的变化更是日新月异。一个组织拥有什么样的人力资源，在一定程度上决定了它在激烈的市场竞争中处于何种地位——是立于不败之地，还是最终被淘汰。由此看来，人力资源已经成为一个决定组织竞争成败的关键因素，因此人力资源管理在组织管理中被置于核心地位。

本书从人力资源管理的相关知识出发，介绍了人力资源规划、绩效管理、薪酬管理和劳动关系管理，并对事业单位人力资源管理的相关内容进行论述，最后结合具体实例探究企业人力资源内部控制问题与优化。本书论述严谨，结构合理，条理清晰，内容丰富，具有前瞻性，不仅能够为现代人力资源管理提供翔实的理论知识，还有利于当前人力资源创新与发展的深入研究。

《现代人力资源管理研究》全书共八章，字数24万余字。该书由济南市总工会综合事务服务中心李汉水、莱西市人力资源和社会保障局公共就业和人才服务中心曲杰、国家能源集团煤炭经营分公司（国能销售集团有限公司）黄冬担任主编。其中第一章、第二章及第三章第三节、第四节、第五节由主编李汉水负责撰写，字数8万余字；第五章第一节、第二节、第六章及第七章由主编曲杰负责撰写，字符数6万余字；第四章及第八章由主编黄冬负责撰写，字数5万余字；第三章第一节、第二节由副主编李涛负责撰写，字符2万余字；第五章第三节、第四节由副主编刘德武、李玲、周颖、张燕、王惠、李丽丽共同承担撰写，全书由张露薇负责统筹。在本书的编撰过程中，收到很多专家、业界同事的宝贵建议，谨在此表示感谢。

在编写本书的过程中，笔者搜集、查阅和整理了大量文献资料，在此对学界前辈、同人和所有为此书编写工作提供帮助的人员致以谢意。由于编者能力有限，编写时间较为仓促，书中难免有错漏之处，还请广大读者谅解。

笔者
2023 年 7 月

目 录

第一章 人力资源管理概述 ... 1
第一节 人力资源管理的概念和特点 ... 1
第二节 人力资源管理的模块、功能及目标 ... 8
第三节 人力资源管理的理论基础 ... 11
第四节 基于前景理论的多项目人力资源配置优化模型 ... 22

第二章 人力资源规划 ... 25
第一节 人力资源规划的基本知识 ... 25
第二节 人力资源的供需预测 ... 37
第三节 人力资源规划的实施 ... 50

第三章 绩效管理 ... 56
第一节 绩效管理概述 ... 56
第二节 绩效计划 ... 63
第三节 绩效跟进 ... 69
第四节 绩效考核 ... 75
第五节 绩效评价 ... 84

第四章 薪酬管理 ... 88

第一节 薪酬与薪酬管理的基本知识 ... 88

第二节 薪酬的制定 ... 94

第三节 职位评价 ... 101

第四节 薪酬管理的发展趋势 ... 107

第五章 劳动关系管理 ... 111

第一节 劳动关系与劳动关系管理 ... 111

第二节 劳动合同 ... 117

第三节 劳动争议 ... 130

第四节 工作压力管理与员工援助计划 ... 134

第六章 人社局对事业单位的人力资源管理
——以L区人社局为例 ... 147

第一节 L区人社局对事业单位人力资源的管理 ... 147

第二节 L区人社局可借鉴的国内先进经验 ... 153

第三节 优化L区人社局对事业单位人力资源管理的策略 ... 156

第七章 事业单位人力资源管理中的激励机制 ... 164

第一节 激励机制的理论基础 ... 164

第二节 激励机制在事业单位人力资源管理中的应用 ... 167

第三节 事业单位改革中激励机制问题的成因 ... 171

第四节 完善事业单位人力资源管理激励机制的策略 ... 177

第八章 企业人力资源内部控制问题与优化
——以 A 公司为例 179
第一节　A 公司基本情况 179

第二节　A 公司人力资源内部控制现状及问题 185

第三节　A 公司人力资源内部控制的优化建议 192

参考文献 200

第一章 人力资源管理概述

第一节 人力资源管理的概念和特点

一、人力资源管理的概念

要了解人力资源管理，首先要了解人力资源。有些人认为，人口资源就是人力资源，从而得出我国是一个人力资源大国的结论。其实，人口资源不全是人力资源，人力资源也不等于人口资源，二者有着严格的区别。人口资源是指一个国家或地区的人口总体，是进行社会生产不可或缺的基本条件。在社会经济发展的过程中，人口资源同自然资源等一样需要合理开发和利用。社会生产和实践表明，具有一定数量和质量的人口资源是构成一个国家综合国力的重要因素。人口资源与自然资源不同：自然资源的数量与质量是天然形成的，且相对比较稳定；而人口资源的数量、质量、结构及动态特征不仅受生理、自然环境等因素的影响，还受人类社会所特有的政治、经济、文化等因素的影响。

从广义上看，人力资源泛指在一个国家或地区中，处于劳动年龄、未到劳动年龄和超过劳动年龄但具有劳动能力的人口之和；从狭义上看，人力资源也指一定时期内组织中的人所拥有的能够被企业所用，且对价值创造起贡献作用的教育、能力、技能、经验、体力等的总称，是企事业单位独立的经营团体所需人员具备的能力（资源）。

人力资源强调人力作为生产要素在生产过程中的生产、创造能力，强调人具有劳动的能力。在数量上，人力资源表现为某一特征范围内的人口；在质量上，人力资源表现为某一范围内人口所具有的现实和潜在的体力、智力、知识、技能等。可以说，人口资源是人力资源的自然基础，人力资源更强调人口资源的内在质量，是数量和质量的统一。没有人口资源就没有所谓的人力资源，人口资源如果不经过开发和管理就没有高质量的人力资源。因此，考察一个国家或地区人力资源的丰富程度，不但要注重人力资源的数量，更要注重人力资源的质量。当前，我国人力资源开发与管理的核心是提高人力资源质量，让我国从人口资源大国走向人力资源大国。

随着社会的发展，人们对人力资源的研究越来越多，众多专家学者从不同角度给人力资源下了定义，总结起来看，这些定义有两个要点：一是人力资源最本质的要素是劳动能力，包括体力劳动和脑力劳动；二是这种劳动能力能够用来创造财富，能够用来组织生产与生活。

作为一种资源，人力资源起着创造社会财富的作用，同样也需要科学的管理与规划。"人力资源管理"最早出现在巴克（E.W. Balkke）于1958年所著的《人力资源功能》一书中。他在书中详细阐述了有关管理人力资源的问题，把管理人力资源作为管理的普通内容来加以讨论。

国内外不同流派对人力资源管理这一概念的描述有所不同，如人力资源管理是利用人力资源实现组织的目标；人力资源管理是指影响雇员的行为、态度以及绩效的各种政策、管理实践以及制度。

各流派的观点都有一定的合理性。笔者从综合角度来理解人力资源管理，即为了企业和个人的发展，通过吸纳、激励、约束与储备人力资源这一特殊的战略资源，最大限度地发掘人的潜力，调动人的积极性和创造性，合理地利用政策、机制、制度等实现组织目标的管理活动。

也就是说，人力资源管理是对人力资源的形成、开发、培育、配置和利用等环节的总称。可从宏观和微观两个层面来理解人力资源管理的概念。

宏观人力资源管理主要是针对一个国家或地区来说的，即全社会的人力资源管理，侧重从整体上对人力资源的形成、开发、培育、配置和利用的管理过程。具体而言，宏观人力资源管理是指国家和政府采用各种切实有效的手段，充分挖掘人力资源的潜力，提高劳动力的质量，优化劳动力的结构，改善劳动力的组织和管理，以使劳动力与生产资料的结合处于最佳状态，从而促进人的发展。例如，我国政府为了推进人力资源管理，制定了一系列制度和政策，采取了一些必要的措施，如人口规划管理、教育规划管理、职业技术培训与指导，以及人力资源的就业与调配、劳动与社会保障等。

微观人力资源管理主要是针对一个组织来说的，是管理者在进行选人、育人、用人和留人等有关人员或人力资源方面的工作时所需要使用的概念和技术的总和，它包括执行并完善组织的人事制度与招聘计划，员工培训与发展规划，绩效评估，报酬与激励，以及维护人力资源的社会环境等方面的管理，它是一种管理体系。微观人力资源管理的战略意义在于，为组织建立一个适用于现代社会竞争环境的人力资源管理系统，把经验型和分散型的人事管理统一到以激励为中心的理论化和系统化的管理体系上来；其直接意在于，使组织能适应现代社会环境的变化，为组织创造最佳的用人效益，提高工作质量，并为组织的稳定和长远发展做好人力资源规划工作。

二、人力资源管理的特点

人力资源管理作为一门学科，注重人的心理和行为特征，重视人的作用，将人的全面发展放在了核心位置，强调人、事、职的最佳匹配，以获得最大化的管理效益为目的。近年来，受到互联网文化的冲击，人力资源管理又呈现出新的特征：强调以人为本、机制灵活化、管理柔性化、结构扁平化。

（一）强调以人为本

现代企业已经充分认识到了人对企业生存与发展的重要性，充分认识到人是企业的经济命脉，是企业的核心竞争力，是企业可持续发展的支柱。因此，企业要将人作为核心，视为企业第一资本，充分地开发人的潜在价值，以获得更大效益。企业在人力资源管理过程中，不仅要因岗择人，还要因人设岗，充分调动员工工作的积极性，使员工努力为企业创造价值。现代企业人力资源管理要以人为本、着眼于人，充分利用个体在知识层面与性格层面的差异来满足企业对员工的不同要求。企业如果能充分合理地利用人力资源，那么其各项资源也能得到优化配置，也能获得更大的经济效益与社会效益。

强调以人为本并不是要求企业无条件地牺牲自身发展以满足人的利益，也不是要求企业无条件地放宽规章制度对人的要求，而是要求企业将人放在企业发展的核心位置，关怀、信任、尊重员工。实质上，以人为本的人力资源管理是一种管理理论与管理实践相结合的创新管理概念。如果企业给员工的是平台、信任、尊重、满足、价值实现，那么员工回馈给企业的将是成果、创新、财富与可持续发展。强调以人为本就是要求企业以实现人的全面发展为目标，从人的价值实现角度规划企业生存发展之路，以重视人、鼓励人、培养人为原则，以人的发展为根本目的。只有将企业与人结合起来，充分发挥二者的优势，才能在促进人的全面发展的同时实现企业的可持续发展。

企业人力资源管理充分考虑"人"的核心价值，采用理性与感性的方式进行人力资源的优化配置。也就是说，企业人力资源管理具有理性管理与感性管理的特点。企业人力资源管理之所以具有理性管理的特点，是因为任何一个企业选择与培养员工都是为自身的利益服务的，任何一个员工都要为企业创造效益。人力资源的理性管理不仅是企业内部发展规律的要求，也符合社会优胜劣汰的规则。任何一个企业不遵循这样的规律都将被瞬息万变的社会淘汰，最终成为湮没在历史里的尘埃。

之所以说企业人力资源管理具有感性管理的特点，是因为企业在选人与用人上较多地考虑了人的个体差异、情感归属、自尊、价值等方面的需要，使人在工作中获得更多成就感和幸福感。企业在进行人力资源管理时，要注意：多激励，少束缚；多肯定，少打击；多援助，少命令；多奉献，少索取；多团结，少孤立。个体要在集体中充分发挥特长，为集体创造更大的价值；反过来，集体也要为个体成长与成才提供更广阔的平台，全力支持个体的发展，从而实现共赢。这就是企业与员工共生共赢的生存法则，也是企业人力资源管理将理性管理与感性管理结合起来的显著成果。

（二）机制灵活化

大多数企业产权明晰，能够独立自主地选择所需人才，并结合自身发展目标与人员情况，对人力资源进行动态管理。在选择与培养员工的过程中，企业可帮助员工进行职业生涯规划，对员工进行系统培训，根据员工的能力适时进行岗位调整，做到"物尽其用，人尽其才"。在企业与员工互相适应与磨合的过程中，企业培养出适合自身发展的员工，淘汰不适合的员工。人力资源管理灵活的用人机制不仅体现在选拔人才与培养人才上，还体现在薪酬制度上。现代企业拥有灵活多变的薪资标准与奖惩制度，根据员工的工作业绩、能力大小、职位高低等制定了弹性的薪酬标准，以鼓励勇于付出、敢于创新、表现优异的人才。在薪酬发放形式上也体现了灵活多变的特点，除了物质性的奖金与福利，还有精神上的肯定与鼓励，如荣誉证书、光荣称号等。此外，企业还会晋升有业绩、有能力的员工，赋予他们更多的权利，以此来激励他们为企业创造更大的价值。

与传统用人机制相比，现代企业人力资源管理的灵活用人机制还体现在企业与雇员的双向选择上。在社会主义市场经济条件下，人们的观念相比以前发生了很大的转变，不再一味地追求稳定与安逸，而是寻求合适的企业平台去实现自身价值。企业选择合适的人才，人才认同企业文化，企业才能在团结奋进的氛围中不断成长。企业与人才之间的双向选择有利于企业人力资源的优化配置，有利于企业和社会的可持续发展。

（三）管理柔性化

柔性管理是相对于刚性管理而言的。刚性管理以规章制度为中心，用制度约束、管理员工；而柔性管理则以人为中心，对员工进行人性化管理。柔性管理是在研究人的心理和行为规律的基础上，采用非强制性方式，在员工心中产生一种潜在说服力，从而把组织意志变为个人的自觉行动。柔性管理的最大特点是不依靠权力影响力（如上级的发号施令），而是依赖员工的心理过程，是要激发每个员工内心深处的主动性、内在潜力和创造精神，因此具有明显的内在驱动性。柔性管理的特征主要有三点：组织结构的扁平化和网络化、管理决策的柔性化、组织激励的科学化。在人力资源管理柔性化之后，管理者更看重的是员工的积极性、主动性、创造性和自我约束能力。

柔性管理在企业管理中的作用表现在三个方面。

一是激发人的创造性。知识经济时代，知识的作用日益突出。根据能否被清晰表述和有效转移，知识可分为显性知识和隐性知识。显性知识主要是指以专利、科学发明和特殊技术等形式存在的知识，隐性知识则是指员工的非正式的、难以表达的技能、技巧、经验和诀窍等。显性知识人所共知，而隐性知识只存在于员工的头脑中，难以掌握和控制。要使隐性知识转化为显性知识，实现知识共享，单靠刚性管理是不够的，要借助柔性管理。

二是适应瞬息万变的外部环境。知识经济时代是信息爆炸的时代，外部环境的易变性与复杂性，一方面要求战略决策者必须整合各类专业人员的智慧，另一方面又要求战略决策者快速作出战略决策。这就意味着必须打破部门分工的界限，对职能进行重新组合，让每位员工或每个团队获得独立处理问题的能力和独立履行职责的权利，不必层层请示。因此，仅仅靠规章制度难以有效地管理该类组织，只有通过柔性管理，组织才能形成"人尽其才"的机制和环境，才能迅速、准确地作出决策，才能在激烈的竞争中立于不败之地。

三是满足柔性生产的需要。在知识经济时代，人们的消费观念、消费习惯等也在不断变化，满足消费者的个性需求，这是当代社会生产经营的必然趋势。社会生产经营的这种巨大变化必然要反映到人力资源管理模式上来，导致人力资源管理模式的转变，使柔性管理成为必然。

（四）结构扁平化

在现代企业组织结构中，扁平化管理是相对于传统的金字塔式管理（也叫垂直管理）的一种管理模式。垂直管理是由基层管理者、中层管理者、高层管理者等多个层次共同组成的一个金字塔状的结构。企业董事长或CEO（首席执行官）处在塔尖，他们通过一级一级的管理层发布指令，最后传达到执行者。以往人力资源主管往往处于金字塔尖，除雇员的基本信息采自普通员工外，更多的人力资源信息源于组织外围（第三方招聘、档案托管部门等）。人力资源管理多级管理模式，使成本增加，沟通减少。而扁平化管理是指当企业规模扩大时，改变之前的增加管理层级的做法，改为增大管理幅度。当管理层级减少而管理幅度增大时，金字塔状的组织形式就被"压"成扁平状的组织形式。扁平化管理的目的是解决企业层级结构的组织形式在现代环境下面临的难题，其特征是管理层级少而管理幅度大。一般来说，金字塔状的组织结构代表着集权控制，扁平化的组织结构代表着灵活协作。

垂直管理存在"纵不达底、横不达边"的管理真空，这就导致了层次重叠、成员冗余、信息传递严重衰减、团队运行效率低下、对市场反应迟钝的问题。实行扁平化管理的企业，它可能没有中层管理者，而是由某一个高层管理人员直接管控更多的部门。扁平化组织结构的管理幅度变大，意味着每一层级的管理动作大幅缩减，所以越"扁平"的企业"管理越少"，越能够释放员工的创造力。扁平化管理模式的优势在于：信息纵向流动快，管理成本低，能对市场作出快速反应，相对少的管理层级让基层拥有充分的自主权。正因如此，在信息高速流通的知识经济时代，这种分权管理模式在越来越多追求创新的企业得到应用。

需要注意的是，对于初创型企业，这样的扁平化结构自然是适合的。但是随着企业规模增大、人员增多，信息量和管理难度也在增加，此时用扁平化管理就不太适合了，因为这突破了管理者能进行有效管理的范围。

实行扁平化管理需要明确两点：一是去中心化并非没有中心，而是中心已经分布到各个单元当中；二是每个单元都能够实现自身的功能，又与组织目标绑定，形成组织张力。实现这两点的前提是决策足够透明，不管是自上而下还是自下而上，都要清楚每项决策的前因后果，明白这些因素与公司的关系。例如，将公司的业务部门分解成若干并行的任务组，任务组打破了部门、层级的界限，决策层与基层员工通过网络更好地传递工作过程中的信息，有效地减少了沟通成本，提高了管理效率。任务组因任务而建立，任务结束快速解散，这种管理模式比垂直管理模式的效率更高，同时能有效规避风险。

第二节　人力资源管理的模块、功能及目标

一、人力资源管理的模块

人力资源管理分为六个模块：人力资源规划、招聘与配置、培训与开发、绩效管理、薪酬福利管理、劳动关系管理。

人力资源管理六大模块相互衔接、相互作用、相互影响。其中，人力资源规划是人力资源管理的起点，主要通过规划帮助组织预测未来的人员需求数量

及基本素质构成；招聘与配置，以人力资源规划为依据之一，相当于组织的血液，为组织提供营养，解决组织人员配置、人岗匹配等问题；培训与开发，其主题是育人；绩效管理是六大模块的核心，旨在帮助人、提高人，解决组织如何用人的问题；薪酬福利管理，旨在激励人，解决企业留人的问题；劳动关系管理，旨在管理人，帮助企业形成合理化人力资源配置的有效循环。

二、人力资源管理的功能

人力资源管理的功能主要是通过人力资源管理职能来实现的。人力资源管理功能具有一定的独立性，是人力资源管理自身所具有的属性。企业人力资源管理应当具备以下功能：

第一，选拔功能。这项功能是人力资源管理的基础功能，即为企业选择合适的人员，使合适的人才加入企业。

第二，培养功能。这项功能是指企业选拔合适员工之后，要对员工进行培训与培养，通过培训与培养使员工更好地适应工作，在工作岗位上更好地服务于企业。

第三，激励功能。这项功能是人力资源管理的核心功能，其根本目的是提升员工的满意度，提高员工的劳动积极性和劳动生产率，提高组织的绩效。

第四，维持功能。这项功能保证了企业人员的稳定，减少优秀人才流失给企业带来的损失。

在人力资源管理的四个功能中：选拔功能是基础，是人力资源管理工作的首要环节；培养功能是动态的持续过程，是使员工与岗位契合的最重要手段；激励功能是目标，是企业效益通过人力资源得以实现的可靠保证；维持功能是保障，保障优秀的人力资源为企业的发展保驾护航。

三、人力资源管理的目标

人力资源管理有其自身的功能属性，作为企业管理的一项重要内容应有一定的目标。美国一些学者认为人力资源管理有四大目标：一是及时有效地雇佣员工；二是挖掘员工潜能；三是选择员工去留；四是保证组织在合法的范围内进行人力资源管理工作。

我国一些学者认为人力资源管理应当有如下目标：第一，企业从人力资源管理中获得最大利益；第二，满足员工的物质需求和精神需求；第三，企业与员工的合作与配合使顾客满意。

人力资源管理目标可分为最终目标与具体目标两个维度。最终目标也就是人力资源管理的最终目的，是要为企业整体目标服务的。作为企业管理的一部分，人力资源管理要服从及服务于企业的既定目标，创造价值满足相关利益群体对价值实现的需要。人力资源管理的具体目标就是人力资源管理各项功能得到实现，即选择适合企业发展的员工，通过培训与培养使其能胜任企业交给的工作，通过激励使其为企业创造更大的价值，并保证优秀员工的稳定发展。

在明确目标、分解目标的基础上，管理者要明确人力资源管理为实现总体目标应该做什么、协调什么关系以及要达到什么水平等，把人力资源管理的责任落实下来。

德斯勒（G. Dessler）在他所著的《人力资源管理》一书中，将一家大型公司人力资源管理者在有效的人力资源管理方面所负的责任描述为十大方面：

第一，把合适的人配置到适当的工作岗位上。

第二，引导新雇员进入组织（熟悉环境）。

第三，培训新雇员适应新的工作岗位。

第四，提高每位新雇员的工作绩效。

第五，争取实现创造性的合作，建立和谐的工作关系。

第六，解释公司政策和工作程序。

第七，控制劳动力成本。

第八，开发每位雇员的工作潜能。

第九，激发并维持部门内雇员的士气。

第十，保护雇员的健康以及改善工作的物质环境。

第三节　人力资源管理的理论基础

人力资源管理的理论基础是人力资源管理的科学依据，它为人力资源管理的理论研究和实践活动提供了相应的科学理论指导。现代人力资源管理主要受以下理论的影响。

一、人力资本理论

（一）人力资本的概念和特点

1.人力资本的概念

人力资本是人们以某种代价获得并能在劳动力市场上占据一席之地的能力或技能，是凝聚在劳动者身上的知识、技术和能力，是对人力资源进行开发性投资所形成的可以带来财富增值的资本形式。随着市场经济和知识经济的不断发展，加之世界经济全球化进程的加速，人们对人力资源本的认识不断深化。

人力资本是就物质资本而言的，目前对于"什么是人力资本？"这一问题也没有统一的答案，但是大多数专家学者都比较倾向于人力资本理论奠基者舒尔茨（T. W. Schults）和贝克尔（G. S. Becker）关于人力资本概念的表述。舒尔茨认为，人力资本是劳动者身上所具备的两种能力。这两种能力的来源之一是先天遗传，另一种来源则是个人在后天环境中的努力。

笔者比较认同下面这个定义：人力资本是通过人力资本投资形成的，存在于劳动者身上并能够为其使用者带来持久性收入来源的劳动能力，是以一定的劳动者的数量和质量为表现形式的非物质资本。一般情况下，劳动者的知识、技能以及体力（健康状况）等都是人力资本的构成部分。与此同时，这一定义还具有以下含义：人力资本是一种能够为其使用者带来持久性收入来源的资本，它作为资本具有相当强的生产性；人力资本的获取或人力资本存量的增加，必须通过有意识地对人力资本进行投资才能完成；人力资本并非指劳动者本身，而是指劳动者所具有的知识、技能以及体力等。

2.人力资本的特点

从上述概念可知，人力资本具有的特点如下。

首先，人力资本能够为其所有者和使用者带来收益，主要体现为一种收入能力；其次，人力资本是投资的产物和结果；最后，人是人力资本的唯一载体，二者相互依存，这也是人力资本的最大特征，是它与其他一切形式资本的本质区别。人力资源和人力资本这两个概念产生的基础都是人，研究的对象也都是人所具有的脑力和体力，因此我们在学习的过程中必须分清其异同，正确理解二者的关系。

需要指出的是，人力资源和人力资本有一定的相似之处，它们都以人为基础，都是在研究人力作为生产要素在经济增长和经济发展中的重要作用时产生的。不仅如此，人力资源经济活动及其收益的核算是基于人力资本理论进行的，现代人力资源管理理论大部分都是以人力资本理论为根据的，人力资本理论是人力资源管理理论的重点内容和基础部分。

虽然它们是密不可分的，但它们之间的区别也是很大的。

第一，两者与社会价值的关系不同。人力资本是由投资而形成的，强调以某种代价获得的能力或技能的价值，投资的代价可在提高生产力过程中以更大的收益收回。因此，劳动者将自己拥有的脑力和体力投入到生产过程中参与价值创造，就要据此来获取相应的劳动报酬和经济利益，它与社会价值的关系是一种典型的因果关系。而人力资源与社会价值的关系恰恰与之相反，是一种"由果溯因"的关系。人力资源作为一种资源，强调人作为生产要素在生产过程中的生产、创造能力，强调这些能力对创造价值所起的贡献作用。在生产过程中，人力资源可以创造产品、创造财富，有效促进经济发展。

第二，两者研究问题的角度和关注的重点也不同。人力资本是从成本收益的角度来研究人在经济增长中的作用，主要是指通过投资形成的存在于人体中的资本形式，尤其是投资的物质资本在人身上的价值凝结，它强调的是投资付出的代价及其收回，考虑的重点是投资成本能够带来的价值和收益，研究的重心是价值增值的速度和幅度，关注的焦点是收益问题，即投资能否带来收益以及收益的多寡问题。人力资源则不同，其是从投入、产出的角度来研究人对经济发展的作用的，因此它将人看作财富的来源，关注的焦点是产出问题，即人力资源对经济发展的贡献以及对经济发展的推动力。

第三，两者的计量形式不同。人力资本往往表现为不断积累的经验，不断增进的技能，不断变化的产出量，不断损耗的体能，投入到教育培训、迁移和健康等方面的资本在人身上的凝结，其计算形式既与流量核算相联系，又与存量核算相联系，而人力资源的计量形式只与存量核算有关。

（二）人力资本理论的提出

人类进入工业时代后，人的知识和技术因素在生产中的作用日益凸显，人力资本理论由此诞生。斯密（A. Smith）、穆勒（J. S. Mill）和马歇尔（A. Marshall）是早期研究人力资本问题的代表人物。他们一致认为，劳动者通过教育投资获得的能力，不仅是劳动者的个人财产，也是他所在社会财产的一部分；他们还认为应当将人后天获得的有用能力同工具、机器一样视为资本的一部分，并主张把教育作为国家投资的领域。

美国经济学家舒尔茨是现代人力资本理论的奠基人，他在1960年美国经济学年会上的演说中系统阐述了人力资本理论，并因对人力资本理论的特殊贡献于1979年荣获诺贝尔经济学奖。舒尔茨认为人力资本是现代经济增长的主要因素，并提出了人力资本投资理论，即人力资本的形成是投资的结果，人力资本投资范围和内容包括卫生保健设施和服务，在职培训，正规的初等、中等和高等教育。与舒尔茨同时代对人力资本理论做出突出贡献的学者还有贝克尔、丹尼森（E. F. Denison）等，他们从不同角度论证了人力资本投资与个人收入分配、国民经济增长的关系。

继舒尔茨等人之后，卢卡斯（R. Lucas）、罗默（P. Romer）、普雷斯科特（E. C. Prescott）等人进一步发展了人力资本理论。与舒尔茨等人不同的是，当代人力资本理论将人力资本作为内生变量纳入了经济增长模型中，建立了定量模型，并从强调一般技术进步和人力资源到强调特殊知识（即生产所需的"专业化的人力资本"），使人力资本的研究更加具体化。

（三）人力资本理论的主要观点

第一，人力资本是与物质资本相对应的概念。物质资本指在一定时期内积累起来，用于生产其他消费资料或生产资料的耐用品，表现为产品的物质形态，如厂房机器设备、各种基础设施、原材料、燃料、半成品等；而人力资本则是体现在劳动者身上的、以劳动者数量和质量表示的非物质资本，表现为人身上的各种生产知识、劳动与管理技能和健康、素质的存量总和。

第二，人力资本是促进现代经济增长的首要因素。在经济增长中，人力资本的生产率明显高于物质资本。人力资本所蕴含的知识包括一般知识和专业知识，一般知识对于现代经济增长的作用是产生规模效应，专业知识的作用在于产生要素递增收益。两种知识的结合，不仅使人力资本的收益增加，而且使其他生产要素的收益递增。

第三，人力资本管理是现代企业经营管理的核心。人力资本管理包括两个层面的内容：一是企业把人力资本作为一种生产要素（即人力资源）进行的经营管理活动，即人力资本管理；二是企业把人力资本作为主要交易对象进行的买卖活动，即人力资本的运作或运营。人力资本的核心是提高人口质量，教育投资是形成人力资本最重要的途径。

第四，人力资本要素。人力资本要素包括教育、投资、科学研究费用，卫生、保健投资费用，劳动力国内流动支出和国际移民费用。

（四）人力资本理论对人力资源管理的影响

人力资本理论凸显了人在物质生产中的决定性作用，发现了投资人力资本的价值，在人力资源管理发展为战略性人力资源管理和人力资本管理的过程中起到了重要的推动作用。

第一，人工成本观念向人力投资观念的转变。随着经济增长方式的转变，人力投资带来的收益率超过了其他形态资本的投资收益率。由此可见，企业用于员工发展的费用不是简单的成本性支出，而是实现增值的投资性支出。因此，花在员工身上的钱并不是越少越好，科学合理的人力投资不仅回报率高，而且是企业实现价值增长的源泉。

第二，企业和员工之间新型关系的建立。人力资本是资本化了的劳动力，具有资本增值性，而且它天然地依附于"人"，属于个人产权范畴。随着人力资本重要性的凸显，员工以人力资本为生产要素更加平等地参与到企业生产活动之中，企业与其员工的关系也不再局限于雇佣关系，更是投资、合作的伙伴关系。

第三，人力资源战略性开发的重要性愈加凸显。一方面，由于凝聚在劳动者身上的知识、技术、能力和健康作为一种资本形式，能为企业带来巨大的收益，因此企业必须通过开发性投资不断提升员工个人价值以实现企业效益的最大化。另一方面，由于人力资本的所有权和使用权具有高分离性，加之人力资本具有生物性和能动性特征，企业效益实现与员工价值提升之间构成相辅相成的关系。企业在对人力资源进行开发的过程中必须考虑员工个人价值和主观意愿，通过关注员工职业素质的可持续发展实现员工和企业两方面共同价值最大化的目标。

第四，股票期权和员工持股等多种激励方式的出现。人力资本的生物性特征及其在社会财富创造中的决定性作用使得人力资本持有者在利润分配中的权利得到认可，加之企业和员工之间的关系由雇佣关系向投资伙伴关系转变，使股票期权和员工持股等更为接近利益分配核心的激励方式成为可能。

二、人性假设理论

人性假设理论的核心是从管理者的角度看待被管理者在工作中的特点，或者说员工在管理活动中表现的人性特征问题。对人性的理解是管理理论和管理方法的基础，管理理论的构建和方法的设计都是以对人性的看法为基础的。麦格雷戈（D. McGregor）认为，每项管理决策与措施都是依据有关人性与其行为的假设。在以人为中心的管理模式下，怎样看待人的本性直接关系到对管理活动中人的看法，关系到对管理对象工作动机、态度、工作积极性、才能发挥、群体作用、人际关系以及领导行为、组织结构设计等一系列心理现象的理解和解释，进而影响管理者管理决策和管理制度的制定。

同时，在很大程度上，管理者对管理对象的人性假设也制约着管理者对管理方法与措施的选择。从管理学的相关研究中可以发现，管理者实施的管理方式、管理措施以及形成的领导风格都与管理者对人性问题的认识有关。管理者对管理对象人性问题的认识不同，指导思想、手段措施、方法不同，结果就会有很大差别。因此，在人力资源管理中，人性假设理论有着十分重要的影响。

（一）西方人性假设理论

西方学者在长期的管理理论和实践研究中先后提出了不同的人性假设理论，通过文献分析发现，这些研究都在继承前人研究成果的基础上有所发展。

西方学者先后提出了 X 理论、Y 理论、超 Y 理论、Z 理论四种人性假设理论。1960 年，美国行为科学家麦格雷戈提出了"X"和"Y"两种对立的管理理论。X 理论认为，多数人天生懒惰，逃避责任，因而必须用强制、惩罚的管理方式才能使他们积极工作。Y 理论则认为，多数人是勤奋的，适当的激励可以使他们主动承担责任，适当的管理能够使他们自我控制、自我指导，能够使其愿意为组织目标的实现努力工作，并充分发挥自身的潜力。

随后，摩尔斯（J. J. Morse）和洛希（J. W. Lorsch）在批判上述两种理论的基础上提出了超 Y 理论，认为人的社会性是复杂的，人的需要是多种多样的，人不仅是追求高工资的经济人，而且是有情感、有社会需求的社会人。大内（W. Ouchi）提出了"文化人"的理论——Z 理论，认为人的心理与行为归根结底由人的价值观决定，企业的发展深受企业员工价值观的影响，企业精神、企业形象的培育和塑造是企业的最根本任务。

美国心理学家在前人研究的基础上提出，从传统管理到管理心理学，实际上存在着四种对人性的假设，并将其概括为经济人、社会人、自我实现人和复杂人。经济人假设的理论基础是 X 理论，认为人是懒惰的、自私的，经济因素是其主要的驱动因素，管理应体现控制、惩罚的职能；社会人假设认为，人的需要是复杂的，人不仅有追逐物质利益的需要，而且有安全、归属、被尊重等高级需要，因此管理要尊重人多层次的需要；自我实现人假设的理论基础是 Y 理论，认为人有自我实现的需要，管理重在创造个体充分发挥潜能的客观环境；复杂人假设认为，人是复杂的，不能用单一的人性假设解释某一方面的行为，管理应该因人而异、因环境而异。

西方发达国家的经济和社会发展推动了管理人性观的迅速发展，并形成了相应的管理模式。在经济人假设下，泰勒（F. W. Taylor）、法约尔（H. Fayol）、韦伯（M. Weber）等人提出并发展了古典管理理论，对组织协调企业的劳资关系、提高生产效率等提供了科学的管理思想和理论指导。基于社会人假设的人际关系理论对提高劳动生产率及员工满意度有着至关重要的指导意义。在复杂人假设前提下，有些专家学者提出了管理方式的权变观点和方法，这无疑提高了管理理论的实用性和管理实践的全面性。可见，西方管理人性观的确为人力资源管理工作及其发展做出了重大贡献。

（二）中国人性假设理论

早在春秋战国时期，"人性"就是中国古代诸子百家的论题，其中以儒家和法家为典型代表。儒家思想家孟子主张"性善论"，认为人性本善，人之为善，人和禽兽之所以不同，就在于人有仁义，有同情心，有生活秩序，这种看法类似于西方的Y理论。荀子提出了"性恶论"的观点，认为人与人之间会相互争夺，破坏秩序，因此主张实行知恶防恶的管理机制，这种看法与西方的X理论相近。春秋战国时期的另一位思想家告子则主张"性无善恶论"，提出善和恶都不是天生的，而是后天教育培养的结果，人性如同白纸，是随着外界环境的变化而变化的，这个观点在一定程度上与西方的复杂人假设相似。可见，西方20世纪60年代出现的人性假设理论一定程度上受到了中国古代思想家的影响。然而，中国古代思想家的人性假设理论反映了中国传统文化的特色，但对今天的管理来说却失去了其时效性及适用性，毕竟中国政治、经济及文化环境发生了巨大变化。

（三）人性假设理论对人力资源管理的影响

尽管中国古代和西方的人性假设理论在今天未必完全正确，但不可否认的是，任何管理者的管理决策与行为都必然受到管理者关于人性本质及人性行为的假定影响。管理者以他们对人性的假设为依据，然后用不同的方式来组织、领导、激励人们。接受某一种人性假设的管理人员会用一种方式来管理人们，而接受另一种人性假设的管理人员则趋向于用另一种方式。例如，一位管理人员如果深信人不会自觉地努力干活，那么他必然会在组织内建立严密的控制体系，以保证职工按时上班并密切监控员工；另一位管理人员深信人会自觉地努力干活,因为他们对工作本身和工作的结果有极大的兴趣与责任感,那么,他必然十分重视在组织内贯彻民主管理制度,鼓励员工自我约束,自我管理,而不是对他们进行严密的监控。

麦格雷戈认为,真正的问题是管理者世界观和价值观的改变,这个问题解决了,其他如何推行的问题便是细枝末节。管理人员对人性所持的假定,实际上就是管理人员世界观的一部分,即他们要对人为什么要工作,以及应该如何去激励他们和管理他们的看法等。

随着社会的发展,不同的组织和管理者会有不同的世界观,所持的人性假设也会表现出一定的差异性,但不可否认的是,每个管理者都会有自己的人性假设基础,并影响着组织的人力资源管理制度的制定和实施。

三、前景理论

(一)前景理论的概念

前景理论是描述性范式的一个决策模型,它假设风险决策过程分为编辑和评价两个过程。在编辑阶段,个体凭借框架、参照点等采集和处理信息,在评价阶段依赖价值函数和主观概率的权重函数对信息予以判断。

在前景理论的具体论述中可以得出以下四个结论,即:①通常情况下,人们在获利时,比较慎重,厌恶风险,希望保存收益;②通常情况下,人们在利益受到损失时,比较偏好风险,希望挽回损失;③通常情况下,人们不是根据财富的多少判断得失,而是通过跟最初财富值的比较来判断的;④通常情况下,同样数量的收益和损失相比,损失对当事人造成的刺激更强烈。

（二）前景理论的提出

无论是在企业的生产经营中还是在人们的日常生活中，不确定型决策和风险决策时有发生，对于这两种类型的决策一直以"期望效应理论"作为研究基础。该理论的最大特点是以"完全理性人"作为假设基础，即决策者的决策规则是永远要选择期望效益最大的方案。然而随着实践经历的增多，该理论隐含的问题逐渐暴露，出现了很多不能解释的现象。这促使很多学者提出了一些新的理论，其中影响最大的就是前景理论。

前景理论认为人们通常不是从财富的角度考虑问题，而是从输赢的角度考虑，关心收益和损失的多少。该理论既包含了心理学的知识又涵盖了经济学的论断，在充分分析人们心理以及行为的基础上，指出由于人们的行为会受个人思维模型，行为框架，生活经验的影响，在决策时往往是不理性、存在偏差的。该理论填补了期望效应理论中所忽略的人类的行为模式，其论述更形象地描述了人们受到损失时，很不甘心，更倾向于冒险，希望通过"孤注一掷"挽回损失的心理活动；而在获得收益时，常常"适可而止"，不愿冒险。因此，前景理论更具有现实意义。

随着对前景理论研究的不断深入，累积前景理论进入了人们的视野。累积前景理论引入了两段累积泛函，该理论的内容更加贴切地描绘了人们在不确定决策时的心理活动以及行为特征。

（三）前景理论中价值函数

1.参考值的选取

人们在对事物或结果作出判断时，往往会设定一个参照物。参考物的选取体现了人们的一种主观期望。同一事物或结果，与不同的参照物相比较，得到的比较结果显然不同。价值函数就是计算相对于参考点而言的变化量，如果增多即为"收益"，如果减少即为"损失"。

参考值是前景理论的核心,因此适当的选取参考值,对最终决策结果的优劣有着举足轻重的影响。

2.价值函数

前景理论中的价值函数计算的是相对于参考点而言获得的收益或者产生的损失,所以价值函数在其形式上体现了参考点的重要性。价值函数主要有以下几方面的特征。

价值函数是定义在收益和损失基础上的,而不是建立在最终的资产或福利上。这是价值函数最本质的特征。前景价值函数从个人需求出发,将个人的需求作为基准值来计算变化量,该过程更贴近人们的思维模式。不同的人需求不同,设定的基准值也就因人而异,因此同样数量的资产对于不同的人计算出的价值是不同的。例如,甲设定收益为 1 000 元,实际收益 2 000 元;乙设定收益为 1 800 元,实际收益也是 2 000 元,虽然同样是 2 000 元的资产,但是给甲乙带来的感受绝对是不同的。

价值函数图像呈现 S 形。在函数图象中参考点左边的图像呈现为凸函数,参考点右边的图像呈现为凹函数。该图像更好地揭示了人们在实际生活中行为模式。即人们在有所获利时,比较慎重厌恶风险,希望保存收益;人们在利益受到损失时,比较偏好风险,希望挽回损失。函数图象在参考点左边的斜率是递增的,参考点右边的斜率是递减的,该变化使得函数对人思维方式的描述更加贴切,即同样是增加 100 元,从 100 的基础上增加与从 1 000 的基础上增加给人们带来的感受是不同的。

价值函数在损失区域的斜率相对于收益区域而言更大。同样数量的收益和损失相比,损失对当事人造成的刺激更强烈。

第四节　基于前景理论的多项目
人力资源配置优化模型

当前，我国经济发展已经进入了新常态，"稳增长，增效益"已成为我国财政政策的重心。在这种经济形势下，企业要想谋求长远发展，必须站在战略目标的高度，统筹规划各项工作。

一、思路分析

（一）问题描述

在多项目管理过程中，项目的形成是随机的，为了简化问题，本节只考虑现有项目，主要解决如何在现有项目之间进行人力资源的配置，从而使员工能力最大限度地匹配项目需求。

为简化问题，假设企业在多项目管理过程中有若干个并行的项目，每个任务都需要挑选技术部门的一名员工，但是这些任务对员工能力水平的要求是不同的，同时技术部门员工之间，能力水平也存在差异，因此本节利用前景理论建立模型，将各项目对员工各方面能力的需求作为各指标的参考值。然后，将员工能力评价模型的评价结果作为员工各指标准则值，分别计算出不同员工分配到不同任务中所能带来的综合前景价值（综合前景价值越高表明员工与任务的匹配度越高，反之越低），最终将综合前景价值作为价值系数，以整体综合前景价值最大化作为目标函数进行整数规划，从而选出最合理的配置方案。

（二）主要任务

首先，明确各个项目对员工各方面能力的要求，使其以合理的形式表现出来。在分析项目对员工各方面能力的需求时，这些需求可以用确切的数值、区间数、模糊数以及语言短语来表示。要根据指标的具体形式，以表达准确为目的，选择合适的表现形式。构建的员工能力指标体系包括：知识素养、操作技能、道德修养、自我调控、沟通合作、企业忠诚、日常考核情况等。在这七个指标中，前六个为主观性指标，因此可以选用语言短语描述项目的需求，由于多粒度语言在表达评价者的观点时，更符合人的思维逻辑并且便于计算，所以在模型中，选用多粒度语言来描述项目对前六个指标需求的参考值。

其次，借助员工能力评价模型，对每个员工的各方面能力水平有个明确的了解。在该模型中，人力资源的分配建立在掌握员工各方面能力的基础上，只有这样才能充分发挥员工的长处，做到人尽其才。

再次，计算出各个员工被分配到不同项目所带来的效益。不同项目对员工的需求是不同的，因此同一个员工被分配到不同项目中所带来的效益也是有很大差别的。在模型中，是将综合前景价值作为效益水平的表现形式，计算各个员工被分配到各项目所带来的综合前景价值，并以此作为人员配置的依据。

最后，比较各种人员配置方案，选择出使整体综合前景价值最大化的配置方案。模型最后要通过目标规划，将整体综合前景价值最大化作为规划目标，利用数学算法，得出最合理的配置方案。

二、模型建立

本模型以多粒度语言为基础工具，以前景理论为理论基础，主要解决多项目管理环境下，并行项目之间如何进行员工分配的问题。这里的员工分配主要指为各个项目配备哪一种能力水平的员工。

①根据项目的特点、需求，给出各个并行的项目对所需员工具体要求。该过程即为给定前景价值函数的参考值。各个项目根据具体情况分析出所需员工在各方面的能力水平，即给定了各个指标的参考值。参考值的选择对于最终结果有着决定性影响。由于参考值的类型可以是具体数值、区间数、语言短语，在模型中由于员工能力评价指标前六个为主观性指标，最后一个为客观性指标，为表达精确、简便，贴近现实，因此分别选用语言短语和区间数。

②根据员工能力评价模型计算出各候选员工的最终能力评价结果。该过程即为给定各指标的准则评价值，准则评价值的形式可以是具体数值、三角模糊数、语言短语等。

③计算出各指标的前景价值。

④对计算出的各指标的前景价值进行标准化处理。

⑤采用加权平均集结算子对经过标准化处理的各指标的前景价值进行集结，得到各员工的综合前景价值。综合前景价值反映的是员工分配到项目中所能带来的整体价值。综合前景价值是由各指标的前景价值共同决定的。模型采用加权平均集结算子集结各指标前景价值时，考虑到每个指标对员工能力的构成都是相当重要的，因此集结时将各指标赋予相同的权重。

⑥各个员工分配到各个项目中所带来的综合前景价值是不一样的。通过整数规划，选出配置方案，使得总体综合前景价值最大化。

第二章　人力资源规划

第一节　人力资源规划的基本知识

一、人力资源规划的概念

人力资源规划是指在依据企业的战略目标，明确企业现有的人力资源状况，科学预测企业未来的人力资源供需状况的基础上，制定相应的政策和措施，以确保企业的人力资源不断适应企业经营和发展的需要，使企业和员工都能获得长远利益而进行的人力资源管理活动。

要准确理解人力资源规划的概念，必须把握以下五个要点。

第一，人力资源规划是在组织的战略目标基础上进行的。组织的战略目标是人力资源规划的基础。人力资源管理是组织管理系统中的一个子系统，要为组织发展提供人力资源支持，因此人力资源规划必须以组织的最高战略为目标。

第二，人力资源规划应充分考虑组织外部和内部环境的变化。一方面，政治、经济、法律、技术、文化等一系列因素的变化导致企业外部环境总是处于不断变化中，企业的战略目标可能会随之变化和调整，从而引起企业内部人力资源需求的变动。另一方面，企业在发展过程中，不可避免地会出现员工的流出或工作岗位的变化等，这可能引起企业人力资源的内部变化。因此，企业需要对这些变化进行科学的分析和预测，使组织的人力资源管理处于主动地位。

第三，人力资源规划的前提是对现有人力资源状况进行盘点。进行人力资源规划，首先要立足于企业现有的人力资源状况，从员工数量、年龄结构、知识结构、素质水平、发展潜力和流动规律等几个方面，对现有的人力资源进行盘点，并运用科学的方法，找出目前的人力资源状况与未来需要达到的人力资源状况之间的差距。

第四，人力资源规划的主要工作是制定人力资源管理制度和措施。例如，要对内部人员进行调动，就必须设置相应的晋升和降职处分制度，从而保证人力资源规划目标的实现。

第五，人力资源规划的最终目的是使企业和员工都获得长期利益。企业的人力资源规划不仅要关注企业的战略目标，还要切实关心企业中每位员工在个人发展方面的需要，帮助员工在实现企业目标的同时实现个人目标。只有这样，企业才能吸引、招聘到合格的人才，才能留住人才，从而提高企业的竞争力，实现企业的战略目标。

二、人力资源规划的作用

人力资源规划不仅在企业的人力资源管理活动中具有先导性和战略性，而且在实施企业总体规划中具有核心地位。具体而言，人力资源规划的作用主要体现在以下五个方面。

（一）有利于组织制定战略目标和发展规划

一个组织在制定战略目标、发展规划，以及选择决策方案时，要考虑自身的资源，特别是人力资源的状况。人力资源规划是组织发展战略的重要组成部分，也是实现组织战略目标的重要保证。人力资源规划促使企业了解与分析目前组织内部人力资源余缺的情况，以及未来一定时期内的人员晋升、培训或对外招聘的可能性，有助于制定组织战略目标和发展规划。

（二）有利于满足企业对人力资源的需求

企业内部和外部环境总是处于不断的发展变化中，这就要求企业对其人力资源的数量、质量和结构等方面不断进行调整。企业如果不能事先对人力资源状况进行系统的分析，并采取有效措施，就会不可避免地受到人力资源问题的困扰。虽然企业可以在短时间内通过劳动力市场获得较低技能的一般员工，但是对企业经营起决定性作用的技术人员和管理人员一旦出现短缺，企业会很难及时找到替代人员。因此，人力资源部门必须注意分析企业人力资源需求和供给之间的差距，制定各种规划，不断满足企业对人力资源多样化的需求。

（三）有利于人力资源管理工作的有序进行

人力资源规划作为一种功能性规划，是任何一项人力资源管理工作得以成功实施的重要前提。人力资源规划具有先导性和战略性，是组织人力资源管理活动的基础。它由总体规划和各种业务计划构成，可以在为实现组织目标进行活动的过程中，为人力资源管理活动（如人员的招聘、晋升、培训等）提供可靠的信息和依据，从而保证组织人力资源管理活动的有序进行。

（四）有利于控制人工成本和提高人力资源的利用效率

人工成本在现代企业成本中占有很大的比例，而人工成本在很大程度上取决于人员的数量和分布情况。一个企业在成立初期，低工资的人员较多，人工成本相对较低。随着企业规模的扩大，员工数量的增加，员工职位的提升，工资水平的上涨，如果没有科学的人力资源规划，难免会出现人工成本上升、人力资源利用效率下降等情况。人力资源规划可以有计划地调整人员数量和分布状况，把人工成本控制在合理的范围内，提高人力资源的利用效率。

（五）有利于调动员工的积极性和创造性

人力资源规划不仅是面向组织的计划，也是面向员工的计划。许多企业面临员工跳槽的问题，一部分原因是企业无法给员工提供优厚的待遇或者通畅的晋升渠道，还有一部分原因是人力资源规划的空白或不足。并不是每个企业都靠提供有诱惑力的薪金和福利来吸引人才的，许多缺乏资金、处于发展初期的中小企业照样可以吸引到优秀人才并迅速成长，它们的成功之处不外乎立足于企业自身的情况，营造企业与员工共同成长的组织氛围。组织应在人力资源规划的基础上，引导员工进行职业生涯设计，让员工清晰地了解自己未来的发展方向，从而调动其工作的积极性和创造性。

三、人力资源规划的分类

（一）按照规划的时间长短划分

人力资源规划按时间的长短可分为长期人力资源规划、中期人力资源规划和短期人力资源规划。

1.长期人力资源规划

长期人力资源规划的期限一般为5年以上，对应企业的长期发展目标，是对企业人力资源开发与管理的总目标、总方针和总战略的系统谋划。长期人力资源规划的特点是具有战略性和指导性，没有十分具体的行动方案和措施，有的只是方向性的描述。

2.中期人力资源规划

中期人力资源规划的期限一般为1年以上5年以下，对应企业的中长期发展目标，包括对企业人力资源未来发展趋势的判断和发展的总体要求。中期人力资源规划的特点是方针、政策和措施的内容较多，但没有短期人力资源规划那样具体。

3.短期人力资源规划

短期人力资源规划是指1年或1年以内的规划,一般表现为年度、季度人力资源规划,主要是具体的工作规划。短期人力资源规划的特点是目标明确、内容具体,有明确的具体行动方案和措施,具有一定的灵活性。

这种期限的划分并不是绝对的。对于一些企业来说,长期人力资源规划、中期人力资源规划和短期人力资源规划的期限可能比上述的更长;而对于另一些企业来说,期限可能会更短。这取决于企业所在行业的性质和企业的生命周期等因素。

(二)按照规划的范围划分

人力资源规划按照范围的大小可分为整体人力资源规划、部门人力资源规划和项目人力资源规划。

1.整体人力资源规划

整体人力资源规划关系到整个企业的人力资源管理活动,是属于企业层面的,在人力资源规划中居于首要地位。

2.部门人力资源规划

部门人力资源规划指企业各个业务部门的人力资源规划。部门人力资源规划是在整体人力资源规划的基础上制定的,其内容专一性强,是整体人力资源规划的子规划。

3.项目人力资源规划

项目人力资源规划指某项具体任务的计划,是对人力资源管理特定课题的计划,如项目经理培训计划。项目人力资源规划与部门人力资源规划不同,部门人力资源规划针对的只是单个部门的业务,而项目人力资源规划是为某种特定的任务而制定的。

（三）按照规划的性质划分

人力资源规划按照性质的不同可以划分为战略性人力资源规划和战术性人力资源规划。

1.战略性人力资源规划

战略性人力资源规划着重于总的、概括性的战略、方针、政策和原则，具有全局性和长远性，通常是人力资源战略的表现形式。

2.战术性人力资源规划

战术性人力资源规划一般指具体的、短期的、具有专业针对性的业务规划。战术性人力资源规划具有内容具体、要求明确、措施易落实和易操作等特点。

四、人力资源规划的内容

（一）人力资源总体规划

人力资源总体规划是对规划期内人力资源规划结果的总体描述，包括规划预测的需求和供给分别是多少，作出这些预测的依据是什么，供给和需求的比较结果是什么，企业平衡需求、供给的指导原则和总体政策是什么等。人力资源总体规划具体包括以下三个方面的内容。

1.人力资源数量规划

人力资源数量规划是指依据企业未来的业务模式、业务流程、组织结构等因素来确定企业未来各部门人力资源编制以及各类职位人员配比关系，并在此基础上形成企业未来人力资源的需求计划和供给计划。人力资源数量规划主要解决企业人力资源配置标准的问题，它为企业未来的人力资源配置提供了依据，指明了方向。

2.人力资源素质规划

人力资源素质规划是依据企业战略、业务模式、业务流程和组织对员工的行为要求，设计各类人员的任职资格。人力资源素质规划是企业选人、育人、用人和留人活动的基础和前提。人力资源素质规划包括企业人员的基本素质要求、人员基本素质提升计划，以及关键人才招聘、培养和激励计划等。

3. 人力资源结构规划

人力资源结构规划是指依据行业特点、企业规模、战略重点发展的业务及业务模式，对企业人力资源进行分层分类，设计、定义企业职位种类与职位责权界限的综合计划。通过人力资源结构规划，可以理顺各层次、各种类职位人员在企业发展中的地位、作用和相互关系。

人力资源数量规划、人力资源素质规划和人力资源结构规划是同时进行的，人力资源数量规划和人力资源素质规划都是依据人力资源结构规划进行的，因此人力资源结构规划是关键。

（二）人力资源业务规划

人力资源业务规划包括人员配备计划、人员补充计划、人员使用计划、培训开发计划、薪酬激励计划、劳动关系计划和退休解聘计划等。

1. 人员配备计划

人员配备计划是根据组织发展规划，结合组织人力资源盘点报告来编制的。企业中每一个职位、每一个部门的人力资源需求都有一个合适的规模，并且这个规模会随着企业外部环境和内部条件的变化而变化。人员配备计划就是为了确定在一定时期内与职位、部门相适应的人员规模和人员结构。

2. 人员补充计划

人员补充计划即拟定人员补充政策，目的是使企业能够合理地、有目标地填补组织中可能产生的空缺。在组织中，常常会由于各种原因，如企业规模扩大，员工的晋升、离职、退休等，产生新职位或出现职位空缺。为了保证企业出现的空缺职位和新职位得到及时而又经济的补充，企业需要做好人员补充计划。

3.人员使用计划

人员使用计划包括人员晋升计划和人员轮换计划。

人员晋升计划实质上是根据企业的人员分布状况和层级结构拟定的人员晋升政策。对企业来说，有计划地提升有能力的人员，不仅是人力资源规划的重要职能，还体现了对员工的激励。晋升计划一般由晋升比率、平均年资、晋升时间等指标来表达。

某一级别（如招聘主管）未来的晋升计划如表 2-1 所示。

表 2-1　晋升计划范例

晋升到某级别的年资	1	2	3	4	5	6	7	8
晋升比率（%）	0	0	10	20	40	5	0	0
累计晋升比率（%）	0	0	10	30	70	75	75	75

从上表可以看出，晋升到某级别的最低年资是 3 年，年资为 3 年的晋升比率为 10%，年资为 4 年的晋升比率为 20%，年资为 5 年的晋升比率为 40%，其他年资获得晋升的比率很小。调整各种指标会使晋升计划发生改变，会对员工的心理产生不同的影响。例如，向上晋升的年资延长，就意味着员工在目前级别上待的时间更长，降低晋升的比率则表明不能获得晋升机会的人数增多。

4.培训开发计划

培训开发计划是为了满足企业的可持续发展，在对需要的知识和技能进行评估的基础上，有目的、有计划地对不同人员进行的培养和开发。企业实施培训开发计划，一方面可以使员工更好地胜任工作，另一方面也有助于企业吸引和留住人才。

5.薪酬激励计划

对企业来说，薪酬激励计划有利于充分发挥薪酬的激励作用。企业通过薪酬激励计划可以在预测企业发展的基础上，对未来的薪资总额进行预测，并制定未来的人力资源政策，如激励对象、激励方式的选择等，以调动员工的积极性。薪酬激励计划一般包括薪资结构、薪资水平和薪资策略等内容。

6.劳动关系计划

劳动关系计划是关于减少和预防劳动争议、改善企业和员工关系的重要的人力资源业务计划。劳动关系计划在提高员工的满意度、降低人员流动率、减少企业的法律纠纷、维护企业的社会形象、维护社会的稳定等方面发挥着不可估量的作用。

7.退休解聘计划

退休解聘计划是企业对员工采取的淘汰退出机制。在当今社会,绝大多数企业都不推行终身雇佣制,但不少企业依然存在大量的冗余人员。出现此现象的一个重要原因是企业只设计了员工向上晋升的通道,却未设计合理的员工向下退出的通道。晋升计划和退休解聘计划使企业的员工能上能下、能出能进,保证了企业人力资源的健康发展。

人力资源业务规划是人力资源总体规划的展开和具体化,它们分别从不同的角度保证了人力资源规划目标的实现。各项人力资源业务规划是相辅相成的,在制定人力资源业务规划时,应当注意各项计划之间的关系。例如,培训开发计划、人员使用计划和薪酬激励计划要相互配合。

五、人力资源规划的程序

人力资源规划是一个复杂的过程,涉及的内容比较多、人员范围比较广,需要多方面的支持与协作。因此,规范和科学的人力资源规划程序是提高企业人力资源规划质量的保证。人力资源规划的程序一般分为五个阶段,即准备阶段、预测阶段、制定阶段、执行阶段和评估阶段。

(一)准备阶段

要想做好规划,就必须充分收集相关信息,人力资源规划也不例外。由于影响企业人力资源供给和需求的因素有很多,想要比较准确地作出预测,就需要收集有关的各种信息,这些信息主要包括以下几个方面的内容。

1.外部环境的信息

外部环境对人力资源规划的影响主要有两个方面:一方面是企业面对的大环境对人力资源规划的影响,如社会的政治、经济、文化等;另一方面是劳动力市场的供求状况、人们的择业偏好、企业所在地区的平均工资水平、政府的职业培训政策、国家的教育政策,以及竞争对手的人力资源管理政策等。这类企业外部环境同样对人力资源规划产生一定的影响。

2.内部环境的信息

内部环境的信息包括两个方面:一是组织环境的信息,如企业的发展规划、经营战略、生产技术、产品结构等;二是管理环境的信息,如公司的组织结构、企业文化、管理风格、管理体系、人力资源管理政策等。这些因素都直接决定着企业人力资源的供给和需求状况。

3.现有人力资源的信息

人力资源规划要立足于人力资源现状,只有及时准确地掌握企业现有人力资源的状况,人力资源规划才有意义。为此,企业需要借助人力资源信息管理系统,该系统能及时、准确地为人力资源规划提供企业现有人力资源的相关信息。现有的人力资源信息主要包括个人的自然情况、录用资料、教育和培训资料、工资资料、工作执行评价、工作经历、服务与离职资料、工作态度调查、安全与事故资料、工作环境资料、工作与职务的历史资料等。

(二)预测阶段

人力资源预测阶段分为人力资源需求预测和人力资源供给预测,这个阶段的主要任务是在充分掌握信息的基础上,选择有效的人力资源需求预测和供给预测的方法,分析与判断不同类型的人力资源供给和需求状况。在整个人力资源规划中,这是关键,也是难度最大的一个阶段。只有准确地预测出人力资源的供给与需求状况,才能采取有效的平衡措施。

1.人力资源需求预测

人力资源需求预测主要是根据企业的发展战略和本企业的内外部条件选择预测技术，然后对人力资源的数量、质量和结构进行预测。在预测过程中，预测者及其管理判断能力与预测结果的准确与否关系重大。

2.人力资源供给预测

人力资源供给预测是人力资源规划的核心内容，是预测在某一未来时期，组织内部所能供应的（或经培训可能补充的）及外部劳动力市场所提供的一定数量、质量和结构的人员，以满足企业为达成目标而产生的人员需求。人力资源供给预测只有进行人员拥有量预测，并把它与人员需求量相对比之后，才能制定各种具体的规划。人力资源供给预测包括两部分：一部分是内部拥有量预测，即根据现有人力资源及其未来变动情况，预测出规划各时间点上的人员拥有量；另一部分是对外部人力资源供给量进行预测，主要确定在规划各时间点上的各类人员的可供量。

3.确定人员净需求

在进行人力资源需求预测和人力资源供给预测之后，需要把组织的人力资源需求与人力资源供给进行对比分析，从比较分析中测算出各类人员的净需求数。若这个净需求数是正数，则表明企业要招聘新的员工或对现有员工进行有针对性的培训；若这个净需求数是负数，则表明组织在这方面的人员是过剩的，应该精简或对员工进行调配。这里所说的"人员的净需求"包括人员的数量、人员的质量和人员的结构，这样就可以有针对性地制定人力资源目标和人力资源规划。

（三）制定阶段

在收集到相关信息和分析了人力资源供需后，就可以制定人力资源规划了。人力资源规划的制定阶段是人力资源规划整个过程的实质性阶段，包括确定人力资源目标和人力资源规划内容两个方面。

1.人力资源目标的确定

人力资源目标是企业经营发展战略的重要组成部分，支撑着企业的长期规划和经营计划。人力资源目标以企业的长期规划和经营规划为基础，从全局和长期的角度考虑了企业在人力资源方面的发展和要求，为企业的持续发展提供人力资源保证。人力资源目标应该是多方面的，涉及人力资源管理各项活动。

人力资源目标应该满足以下原则：①目标必须是具体的；②目标必须是可以衡量的；③目标必须是可以达到的；④目标必须和其他目标具有相关性；⑤目标必须具有明确的截止期限。

2.人力资源规划内容的确定

人力资源规划内容的确定，包括人力资源总体规划和人力资源业务规划的确定。在确定人力资源业务规划内容时，应该注意两个方面：一方面，内容应该具体明确，具有可操作性；另一方面，业务性人力资源规划应涉及人力资源管理的各个方面。此外，各项人力资源业务计划应该相互协调，避免出现不一致甚至冲突的现象。

（四）执行阶段

人力资源规划的执行是企业人力资源规划的一项重要工作，人力资源规划执行得是否到位，决定了整个人力资源规划是否成功。人力资源规划一旦制定出来，就要执行。在人力资源规划的执行阶段，需要注意两个方面的问题：一方面，确保有具体的人员来负责既定目标的达成，同时还要确保执行人力资源规划方案的人拥有达成这些目标的权力和资源；另一方面，要重视定期取得关于人力资源规划执行情况的进展报告，以保证所有的方案都能够在既定的时间里执行到位。

（五）评估阶段

对人力资源规划执行的效果进行评估是整个规划程序的最后一步。人力资源规划的评估包括两层含义：一是指在执行的过程中，要随时根据内外部环境的变化来修正供给和需求的预测结果，并对平衡供需的措施作出调整；二是指要对预测的结果以及制定的措施进行评估，对预测的准确性和措施的有效性作出衡量，找出其中存在的问题，总结相关经验，为以后的规划提供借鉴和帮助。

对人力资源规划进行评估应注意以下几个问题：①预测所依据信息的质量、广泛性、详尽性、可靠性；②预测所选择的主要因素的影响与人力资源需求的相关度；③人力资源规划者熟悉人事问题的程度，以及对这些问题的重视程度；④人力资源规划者与提供信息和使用人力资源规划的人事、财务部门以及各业务部门经理之间的工作关系；⑤有关部门之间信息交流的难易程度；⑥决策者对人力资源规划中提出的预测结果、行动方案和建议的利用程度；⑦人力资源规划在决策者心目中的价值；⑧人力资源各项业务规划实施的可行性。

第二节　人力资源的供需预测

人力资源供需预测是人力资源规划的基础，它是一项技术性较强的工作，涉及许多专门的技术和方法。同时，人力资源供需预测也是企业人力资源规划的核心内容。

一、人力资源需求预测

人力资源需求预测就是为了实现企业的战略目标，根据企业所处的外部环境和具有的内部条件，选择适当的预测技术，对未来一定时期内企业所需人力资源的数量、质量和结构进行预测。在进行人力资源需求预测之前，要确定某一工作是否有存在的必要，定员数量是否合理，现有工作人员是否具备该工作所要求的条件，未来的生产任务、生产能力是否会发生变化等。

（一）影响企业人力资源需求的因素

影响企业人力资源需求的因素，可分为两类：企业内部因素和企业外部环境。

1.企业内部因素

（1）企业规模的变化

企业规模的变化主要表现为两个方面：一是在原有的业务范围的基础上扩大或压缩规模；二是增加新的业务或放弃旧的业务。这两个方面的变化都会对人力资源需求的数量和结构产生影响。企业规模扩大，需要的人力就会增加；企业规模缩小，需要的人力也将减少。

（2）企业经营方向的变化

企业经营方向的调整，有时并不一定导致企业规模的变化，但会在一定程度上改变对人力资源的需求。比如，军工企业生产民用产品，开拓民用市场，就必须增加市场销售人员，否则将无法适应多变的民用市场。

（3）技术、设备条件的变化

企业生产技术水平的提高、设备的更新，一方面会使企业所需人员的数量减少，另一方面对人员的知识、技能的要求会随之提高。

（4）管理手段的变化

采用先进的管理手段，会提高企业自身的生产率和管理效率，从而引起人力资源需求的变化。比如，企业使用计算机信息系统来管理企业的数据库，其工作流程会简化，对人力资源的需求也会随之减少。

（5）人力资源自身状况

企业人力资源状况对人力资源需求也存在重要的影响。例如，人员流动比率的大小会直接影响企业对人力资源的需求。此外，企业人员的劳动生产率、工作积极性、人才的培训开发等也会影响企业对人力资源的需求。

2.企业外部环境

外部环境对企业人力资源需求的影响，多是通过企业内部因素起作用的。影响企业人力资源需求的外部环境主要包括经济、政治、法律、技术，以及竞争对手、顾客需求等。例如，经济的周期性波动会引起企业战略或规模的变化，进而引起企业人力资源需求的变化；竞争对手之间的人才竞争，会直接导致企业人才的流失；顾客的需求偏好发生改变，会引起企业经营方向的改变，进而也会引起企业对人力资源需求的变动；等等。

（二）人力资源需求预测的方法

人力资源需求预测的方法包括定性预测法和定量预测法两大类。

1.定性预测法

（1）管理人员经验预测法

管理人员经验预测法是凭借企业管理者的丰富经验，甚至是个人的直觉来预测企业未来的人力资源需求的。例如，根据前期工作任务的完成情况，结合下一期的工作任务量，管理人员就可以预测未来的人员需求。

管理人员经验预测法是一种比较简单的方法，完全依靠管理者的经验和个人能力，预测结果的准确性不能保证，通常用于短期预测。当企业所处的环境较为稳定、组织规模较小时，单独使用此方法，可以迅速得出预测结论，获得满意的结果；当企业所处的环境较为复杂、组织规模较大时，不可单独使用此方法，需结合其他预测方法。

（2）分合预测法

分合预测法是一种较为常用的人力资源需求预测的方法，包括自上而下、自下而上两种方式。

自上而下的方式：由企业的高层管理者初步拟定组织的总体用人目标和计划，再逐级下达到各部门和单位。各个部门和单位进行讨论和修改，再将各自修改之后的意见逐级汇总后反馈至企业高层。高层管理者据此对总体计划作出修正，最后公布正式的用人计划。

自下而上的方式：企业的高层管理者首先要求各个部门和单位根据各自的工作任务、技术设备的状况等预测本部门将来对各种人员的需求，然后在此基础上，对各部门、单位提供的预测情况进行综合平衡，从中预测出整个企业将来一定时期的人员需求状况。

通常情况下，分合预测法能够使企业各层级的管理者参与人力资源规划的制定，根据本部门的实际情况确定较为合理的人力资源规划。但是，这种方法由于受企业各层管理者的知识、经验、能力、心理成熟度的限制，对长期的人员需求预测不是很准确。因此，分合预测法是一种中短期的人力资源需求预测方法。

（3）德尔斐法

德尔斐法又称专家调查法，1964年美国兰德公司首次将其应用于技术预测中。德尔斐法在创立之初被专门用于技术预测，后来才逐渐扩展到其他领域，成了一种专家对影响组织发展的某一问题的看法达成一致意见的结构化方法。

德尔斐法的特征体现在三个方面：吸引专家参与预测，充分利用专家的经验和学识；采用匿名或背靠背的方式，使每一位专家独立、自由地作出判断；预测过程多次反馈，使专家的意见逐渐趋同。

将德尔斐法用于企业人力资源需求预测的具体操作步骤如下。

①确定预测的目标，由主持预测的人力资源管理部门确定关键的预测方向、相关变量和难点，列举出必须回答的有关人力资源预测的具体问题。

②挑选专家，每位专家都要拥有人力资源预测方面的某种知识或专长。

③人力资源部门向专家发出问卷和相关材料，使他们在背靠背、互不交流的情况下，独立发表看法。

④人力资源部门将专家的意见集中、归纳，并将归纳的结果反馈给他们。

⑤专家根据归纳的结果进行重新思考，修改自己的看法。

⑥重复进行第四步和第五步，直到专家的意见趋于一致，通常这一过程需要3～4轮。

德尔斐法的优点是可以集思广益，并且可以避免群体压力和某些人的特殊影响力，对影响人力资源需求各个方面的因素可以有比较全面、综合的考虑。缺点是花费时间较长、费用较高。所以，这种方法适用于长期的、趋势性的预测，不适用于短期的、日常的和比较精确的人力资源需求预测。

2.定量预测法

（1）趋势分析法

趋势分析法是利用组织的历史资料，根据某个因素的变化趋势预测相应的人力资源需求。这种方法有两个假定前提：第一，假定企业的生产技术构成基本不变，这样单位产品的人工成本才大致保持不变，并以产品数量的增减为依据来预测人员需求数量；第二，假定市场需求基本不变，在市场需求变化不大的情况下，人员数量与其他变量（如产量）的关系才容易分析出来。

趋势分析法的操作步骤如下。

①选择相关变量。确定一种与劳动力数量和结构的相关性最强的因素为相关变量，通常选择销售额或生产率等。

②分析相关变量与人力资源需求的关系。分析此因素与所需员工数量的比率，形成一种劳动率指标。

③计算生产率指标。根据以往5年或5年以上的生产率指标，求出均值。

④计算所需人数。用相关变量除以劳动生产率得出所需人数。

（2）转换比率分析法

转换比率分析法是根据过去的经验，把企业未来的业务量转化为人力资源需求量的预测方法。转换比率分析法的操作步骤如下。

①确定企业未来的业务量，根据以往的经验估计与企业的业务规模相适应的关键技能员工的数量。

②根据关键技能员工的数量估计辅助员工的数量。

③将估计的关键技能员工数量与辅助员工数量相加,得出企业人力资源总需求量。

使用转换比率法将企业的业务量转换为人力资源需求量时,通常要以组织已有的人力资源的数量与某个影响因素之间的关系为依据,来对人力资源的需求进行预测。以某所医院为例,当医院的病床数量增加一定的百分比时,护士的数量也要增加相应的百分比,否则难以保证医院的医疗服务质量。

需要指出的是,转换比率分析法有一个隐含的假设,即假设组织的生产率保持不变。如果需要考虑生产率的变化对员工需求量的影响,则可使用下面的计算公式:

$$计划期所需员工数量 = \frac{目前业务量 + 计划期业务量}{目前人均业务量 \times (1 + 生产率增长率)}$$

使用转换比率分析法进行人力资源需求预测时,需要对未来的业务量、人均的生产效率及其变化作出准确预测,这样对未来人力资源需求的预测才会比较符合实际。

（3）回归分析法

由于人力资源的需求会受到某些因素的影响,回归分析法的基本思路就是要找出那些与人力资源需求高度相关的因素,并依据过去的相关资料确定它们之间的数量关系,建立一个回归方程,然后再根据这些因素的变化和确定的回归方程,来预测未来的人力资源需求。使用回归分析法的关键是要找出那些与人力资源需求高度相关的变量,这样才能建立起回归方程并进行预测。

根据回归方程中变量的数量,可以将回归预测分为一元回归预测和多元回归预测两种。一元回归预测只涉及一个变量,建立回归方程时相对比较简单;而多元回归预测由于涉及的变量较多,所以建立回归方程时要复杂得多,但是它考虑的因素也比较全面,预测的准确度往往要高于前者。由于曲线关系的回归方程建立起来比较复杂,为了方便操作,在实践中经常采用线性回归方程来进行预测。

二、人力资源供给预测

人力资源供给预测与人力资源需求预测不同，人力资源需求预测只研究企业内部对人力资源的需求，而人力资源供给预测必须同时考虑企业内部人力资源供给和企业外部人力资源供给两个方面的因素。

（一）企业内部人力资源供给

企业内部人力资源供给预测主要分析计划期内将有多少员工留在目前岗位，有多少员工流动到其他岗位，有多少员工流出企业。

1.影响企业内部人力资源供给的因素

（1）现有人力资源的运用情况

企业现有人力资源的运用情况包括：员工的工作负荷饱满程度、员工出勤状况、工时利用状况，以及部门之间的分工是否平衡等，如员工的缺勤情况严重，就会影响企业内部的人力资源供给。

（2）企业人员流动状况

在收集和分析有关内部劳动力供应数据时，企业内部人员流动率将对劳动力供给产生很大影响。企业人员流动率的数据包括晋升率、降职率、轮岗率、离职率、新进率，企业人员的流动率可以根据历史数据与人力资源管理经验来预测，通过分析规划期内可能流出和流入的人数，与相应类型企业内部劳动力市场的变动情况，判断未来某个时间点或时期内部可提供的人力资源。

（3）员工的培训开发状况

根据企业的经营战略，针对企业未来可能需要的不同技能类型的员工开展有效的开发和培训，可以改善企业目前的人力资源状况，使企业人力资源的质量、结构更能适应企业未来发展的需要。这有利于减少企业冗余的人力资源，同时增加企业人力资源的内部供给。

2.企业内部人力资源供给预测的方法

（1）人员接替法

人员接替法就是对组织现有人员的状况作出评价，然后对他们晋升或者调动的可能性作出判断，以此来预测组织潜在的内部供给，这样当某一职位出现空缺时，就可以及时进行补充。

人员接替法的操作步骤如下。

①确定人员接替计划包括的岗位范围。

②确定各个岗位上的接替人选。

③评价接替人选当前的工作绩效和晋升潜力。

④了解接替人选本人的职业发展需要，并引导其将个人目标与组织目标结合起来。

（2）人力资源"水池"模型法

该模型是在预测组织内部人员流动的基础上来预测人力资源的内部供给，它与人员接替法类似。不同的是，人员接替法是从员工出发来进行分析的，而且预测的是一种潜在的供给；"水池"模型法则是从职位出发进行分析的，预测的是未来某一时间现实的供给，并且涉及的面更广。这种方法一般针对具体的部门、职位层次或职位类别，它要在现有人员的基础上，通过计算流入量和流出量来预测未来的供给，这就好比是计算一个水池未来的蓄水量，因此被称为"水池"模型法。

人力资源"水池"模型法的操作步骤如下。

①明确每个职位层次对员工的要求和需要的员工人数。

②确定达到职位要求的候选人，或者经过培训后能胜任职位的人。

③把各职位的候选人情况与企业员工的流动情况综合起来考虑，控制好员工流动方式与不同职位人员接替方式之间的关系，对企业人力资源进行动态管理。

对企业中各个职位层次员工的供给预测，可以使用以下公式：

未来内部供给量＝现有员工数量＋流入总量－流出总量

对每一个层次的职位来说，人员流入的原因有平行调入、上级职位降职和下级职位晋升。人员流出的原因有向上级职位晋升、向下级职位降职、平行调出、离职和退休。分析完所有层次之后，将它们合并在一张图中，就可以得出组织未来各个职位层次的内部供给量以及总的供给量。

（3）马尔科夫转换矩阵法

马尔科夫转换矩阵法是一种运用统计学原理预测组织内部人力资源供给的方法。马尔科夫转换矩阵法的基本思想是找出过去的人员流动规律，以此推测未来的人员流动趋势，其基本假设是未来的内部人员流动模式、概率与过去的情况大致相同。运用这种方法预测人员供给时，首先需要建立人员变动矩阵表。该表主要指某个人在某段时间内，由一个职位调到另一个职位（或离职）的概率。人们运用马尔科夫转换矩阵法可以有效分析企业现有人员的流动（如晋升、调换岗位和离职）情况。

（二）企业外部人力资源供给

当企业内部的人力资源供给无法满足企业需求时，企业就需要从外部获取人力资源。企业外部人力资源供给预测，主要是预测未来一定时期内，外部劳动力市场上企业所需人力资源的供给情况。

1. 影响企业外部人力资源供给的因素

（1）宏观经济形势

劳动力市场的供给状况与宏观经济形势息息相关。宏观经济形势越好，失业率越低，劳动力供给越紧张，企业招聘越困难；反之，劳动力供给充足，企业招聘较简单。

（2）全国或本地区的人口状况

影响人力资源供给的人口状况包括：①人口总量和人力资源率。人口总量越大、人力资源率越高，人力资源的供给就越充足。②人力资源的总体构成。

这是指人力资源在性别、年龄、教育、技能、经验等方面的构成，它决定了不同层次和类别上可以提供的人力资源数量和质量。

（3）劳动力的市场化发育程度

劳动力市场化程度越高，越有利于劳动力自由进入市场，以及劳动力的合理流动。

（4）政府的政策和法规

政府的政策和法规是影响外部人力资源供给的不可忽视的因素，如关于公平就业机会的法规、保护残疾人就业的法规、严禁童工就业的法规等。

（5）地域特点

公司所在地或公司本身对人才的吸引力，也是影响人力资源供给的重要因素，如北京、上海、广州等大城市的公司吸引人才会相对容易。

2.企业外部人力资源供给预测的方法

（1）文献法

文献法是指根据国家的统计数据或有关权威机构的统计资料进行分析的方法。企业可以通过国家和地区的统计部门、人力资源和社会保障部门出版的年鉴、发布的报告来获得数据或资料，还可以借助互联网来获得数据或资料。同时，企业还应密切关注相关法律法规、政策的变化情况。

（2）市场调查法

企业可以就自身关注的人力资源状况直接进行调查。企业可以与猎头公司、人才中介公司等专门机构建立长期关系，还可以与相关院校建立合作关系，关注目标人选的情况等。

（3）对应聘人员进行分析

企业可以通过对应聘人员和已雇佣人员进行分析，得到未来外部人力资源供给的相关信息。

三、人力资源供需平衡

人力资源供求平衡指人力资源的供给与需求大体相等或相当的状态。人力资源供需不平衡存在三种情况：人力资源供大于求，出现预期人力资源过剩的情况；人力资源供小于求，出现预期人力资源短缺的情况；人力资源供需数量平衡，但出现不平衡的情况。人力资源供需不平衡会给企业带来相应的问题。例如，当人力资源供大于求时，会导致企业内人浮于事，内耗严重，生产成本上升而工作效率下降；当人力资源供小于求时，企业设备闲置，固定资产利用率低。这些问题都会影响企业战略目标的实现，削弱企业的竞争优势，甚至影响企业的可持续发展。

（一）预期人力资源短缺时的对策

1. 外部招聘

外部招聘是最常用的解决人力资源短缺的方法。当人力资源总量缺乏时，采用此种方法比较有效。外部招聘是指根据组织的具体情况，面向社会招聘所需人员。如果企业需求是长期的，一般招聘一些全职员工；如果企业需求是暂时的，则可以招聘一些兼职员工和临时员工，以解决企业人力资源短缺的问题。

2. 延长工作时间

延长工作时间是指在符合国家相关法律法规的前提下，适当延长员工的工作时间，并支付相应的报酬，以应对人力资源的短期不足。延长工作时间可有效节约人力开支，减少招聘成本，而且可以保证工作质量。但是延长工作时间只能弥补短期的人力资源不足，企业不能长期使用此对策，因为长期使用该对策会导致员工过度劳累，反而会降低工作效率。

3. 培训后转岗

该对策主要是对组织现有员工进行必要的技能培训，使之不仅能适应当前的工作，还能进行转岗或适应更高层次的工作，能够将企业现有的人力资源充分利用起来，以弥补人力资源方面的不足。此外，如果企业即将进行经营转型，也需要向员工培训新的工作知识和工作技能，以便在企业转型后，保证原有的员工能够胜任新的岗位。

4.业务外包

该对策是指组织根据自身情况，将较大范围的工作或业务承包给外部的组织去完成。组织可以将自身不擅长的任务交给那些比较擅长的外部组织去做，从而提高效率，减少成本，减少组织内部对人力资源的需求。

5.技术创新

组织可以通过改进生产技术、增添新设备、调整工作方式等，提高劳动生产率。例如，企业引进机器人参与生产流水线工作，可以大大降低对人力资源的需求；企业使用计算机信息系统来管理企业的数据库，也可以简化工作流程，降低对人力资源的需求。

（二）预期人力资源过剩时的对策

1.提前退休

组织可以适当放宽退休的年龄和条件限制，促使更多的员工选择提前退休。需要注意的是，退休还受政府政策、法规的限制。

2.自然减员

自然减员指的是当出现员工退休、离职等情况时，对空闲的岗位不进行人员补充而达到自然减少员工的目的。这样做可以通过不紧张的气氛减少组织内部的人员供给，从而达到人力资源方面的供需平衡。

3.临时解雇

临时解雇指的是企业的一部分员工暂时停止工作或离开工作岗位，企业在这段时间里不再向这部分员工支付工资，当经营状况改善后，让被临时解雇的员工重新回到企业工作的行为。在企业经济遭遇周期性下滑时，临时解雇是一种合理的缩减人员规模的策略。

4.裁员

裁员是一种无奈但有效的方式。一般裁减那些希望主动离职的员工和工作考核绩效低下的员工。但是，要注意的是，采取这种方法要十分谨慎，因为它不仅涉及员工本人及其家庭的利益，也会对整个社会产生影响。在裁员时，企业除了要遵守相关法律法规对企业裁员的规定，还要做好被裁员工的后续安抚工作。

5.工作分担

工作分担指的是由两个人分担一份工作，比如一个员工周一至周三工作，另一个员工周四至周五工作。一般是由于企业临时性的经营状况不佳，在不裁员的情况下实行工作分担制。待企业经营状况好转时，再恢复正常的工作时间。

6.重新培训

当企业人力资源过剩时，企业可以组织员工进行重新培训，这样可以避免员工因为没有工作而无所事事，待企业经营状况好转或经营方向转变时，也能够有充分的人力资源可以利用。

（三）预期人力资源总量平衡而结构不平衡时的对策

人力资源总量平衡而结构不平衡是指预测的未来一定时期内，企业人力资源的总需求量与总供给量基本吻合，但是存在某些职位的人员过剩，而另一些职位的人员短缺，或者某些技能的人员过剩，而另一些技能的人员短缺等情况。对于这种形式的人力资源供需失衡，企业可以考虑采用以下对策和措施进行调节。

第一，企业人员进行内部流动，如晋升和调任，以补充那些空缺职位，满足这部分人力资源的需求。

第二，企业对于过剩的普通人力资源，进行有针对性的培训，提高他们的工作技能，使他们转变为人员短缺的岗位上的人才，从而补充到空缺的岗位上去。

第三，招聘和裁员并举，补充企业急需的人力资源，释放一些过剩的人力资源。

第三节 人力资源规划的实施

一、人力资源规划的执行

（一）规划任务的落实

人力资源规划执行的成功与否取决于组织全体部门和员工参与的积极性。通过规划目标和方案的分解与细化，每个部门和员工都可以明确自己在规划执行过程中的地位、任务和责任，从而促使规划的顺利执行。

1.分解人力资源规划的阶段性任务

企业通过设定中长期目标，将人力资源规划目标分解为每一阶段、每一年应该完成的任务，以确保所有方案都能够在既定的时间内执行到位，也能使规划更容易实现，有利于规划在执行过程中的监督、控制和检查。此外，定期形成执行进展情况报告也有利于规划任务的落实。

2.人力资源规划任务落实到责任人

人力资源规划的各项任务必须由具体的人来执行，每一位员工都要明确自己在人力资源规划中所处的地位、所承担的责任。因此，人力资源规划应有具体的部门或团队负责，可以考虑以下几种方式。

第一，由人力资源部门负责，其他部门与之配合。

第二，由某个具有部分人事职能的部门与人力资源部门协同负责。

第三，由各部门选出代表，组成跨职能团队负责。

在人力资源规划执行过程中，各部门必须通力合作，而不是仅靠负责规划的部门推动，人力资源规划的执行同样也是各级管理者的责任。

（二）资源的优化配置

人力资源规划要想顺利执行，必须确保组织人员（培训人员和被培训人员）、财力（培训费用、培训人员脱岗培训时对生产的影响）、物力（培训设备、培训场地）等各项资源发挥最大效益，这就要求对不同的资源进行合理配置，从而促进资源的开发利用，并通过规划的执行使资源能够优化配置，提高资源的使用效率。

二、人力资源规划实施的控制

为了能够及时应对人力资源规划实施过程中出现的各种问题，确保人力资源规划的实施，有效避免潜在劳动力短缺或劳动力过剩，需要有序地对人力资源规划的实施进行控制。

（一）确定控制目标

为了能对规划实施过程进行有效控制，首先需要确定控制目标。控制目标既能反映组织的总体发展战略目标，又能与人力资源规划目标对接，反映组织人力资源规划实施的实际效果。在确定人力资源规划控制目标时，应该注意控制目标是一个体系，通常由总目标、分目标和具体目标组成。

（二）制定控制标准

控制标准是一个完整的体系，包含定性控制标准和定量控制标准两种：定性控制标准必须与规划目标相一致，能够进行总体评价，如人力资源的工作条件、生活待遇、培训机会、对组织战略发展的支持程度等；定量控制标准应该能够计量和比较，如人力资源的发展规模、结构、速度等。

（三）建立控制体系

有效地实施人力资源规划控制，必须有一个完整的、可以及时反馈的、可以准确评价和及时纠正的体系。该体系能够从规划实施的具体部门和个人那里获得规划实施情况的信息，并迅速传递到规划实施管理控制部门。

（四）衡量、评价实施成果

该阶段的主要任务是将实施结果与控制标准进行衡量、评价，解决问题的方式主要有两种：一是提出完善现有规划实施的条件，使规划目标得以实现。二是对规划方案进行修正。当实施结果与控制标准一致时，无须采取纠正措施；当实施结果超过控制标准时，应该采取措施防止人力资源浪费现象的发生；当实施结果低于控制标准时，需要及时采取措施进行纠正。

（五）采取调整措施

当对规划实施结果的衡量、评价，发现结果与控制标准有偏差时，就需要采取措施进行纠正。该阶段的主要工作是找出引发问题的原因，如规划实施的条件不够、实施规划的资源配置不力等，然后根据实际情况采取相应的调整措施。

三、人力资源信息系统

人力资源规划作为一项分析与预测工作，需要大量的信息支持、有效的信息收集和处理。因此，企业进行人力资源信息管理工作具有重要意义。

（一）人力资源信息系统的概念

人力资源信息系统是企业进行有关员工的基本信息及工作方面信息的收集、保存、整理、分析和报告的工作系统，为人力资源管理决策服务。人力资源信息系统对于人力资源规划的制定是非常重要的，并且人力资源规划的实施同样也离不开人力资源信息系统。

随着企业的发展，人力资源管理工作会越来越复杂，人力资源信息系统涉及的范围会越来越广，信息量也会越来越大，并会与企业经营管理等其他方面的信息管理工作相联系，成为一个结构复杂的管理系统。

（二）人力资源信息系统的内容

1.完备的组织内部人力资源数据库

其中包括企业战略、经营目标、常规经营信息，以及企业现有人力资源的信息。根据这些内容可以确定人力资源规划的框架。

2.企业外部的人力资源供给信息和影响这些信息的变化因素

例如，外部劳动力市场的行情和发展趋势、各类资格考试的信息变化、政府对劳动用工制度的政策和法规等，人力资源信息系统对这些信息的记录有利于企业分析其外部的人力资源供给情况。

3.相关的软硬件设施

相关的软硬件设施包括专业的技术管理人员、若干适合人力资源管理的软件和计量模型、高效的计算机系统和相关的网络设施等，这些是现代化的人力资源信息系统的物质基础。

（三）人力资源信息系统的功能

1.为人力资源规划建立人力资源档案

利用人力资源信息系统的统计分析功能，企业能够及时、准确地掌握企业内部员工的相关信息，如员工数量和质量、员工结构、人工成本、培训支出及员工离职率等，确保员工数据信息的真实性，从而有利于企业更科学地开发与管理人力资源。

2.通过人力资源档案制定人力资源政策和进行人力资源管理的决策

例如，晋升人选的确定、对特殊项目的工作分配、工作调动、培训，以及工资奖励计划、职业生涯规划和企业结构分析。

3.达到企业与员工之间建立无缝协作关系的目的

以信息技术为平台的人力资源信息系统，着眼于实现企业员工关系管理的自动化和协调化，可以使企业各层级、各部门间的信息交流更为直接、及时、有效。

（四）人力资源信息系统的建立

1.对系统进行全面规划

对人力资源信息系统进行全面规划需要做到以下几点：首先，要使企业的全体员工对人力资源信息系统的概念有一个充分的了解，保证人力资源管理部门对人力资源管理流程有一个清晰、完整的认识；其次，考虑人事资料的设计和处理方案；最后，做好系统开发的进度安排，建立完备的责任制度和规范条例等。

2.系统的设计

人力资源信息系统的设计包括：分析现有的记录、表格和报告，明确对人力资源信息系统中数据的要求；确定最终的数据库内容和编排结构；说明用于产生和更新数据的文件保存与计算过程；规定人事报告的要求和格式；决定人力资源信息系统技术档案的结构、形式和内容；提出员工工资福利表的形式和内容要求；确定企业其他系统与人力资源信息系统的接口要求。需要强调的是，在进行人力资源信息系统设计时，必须考虑企业的发展对系统的可扩展性和可修改性的要求。

3.系统的运行

人力资源信息系统的运行主要涉及以下几项工作：考察目前及以后系统的使用环境，找出潜在的问题；检查影响系统设计的计算机硬件和软件等约束条件；确定输入和输出条件要求、运行次数和处理量；提供有关实际处理量、对操作过程的要求及所需设施等资料；设计数据输入文件、事务处理程序；对人力资源信息系统的输入控制。

4.系统的评价

对人力资源信息系统进行评价要从以下几个方面着手：人力资源管理的成本；各部门对信息资料要求的满意程度；对与人力资源信息系统有关的组织问题提出建议的情况；机密资料安全保护的状况。

第三章　绩效管理

第一节　绩效管理概述

一、绩效的含义

对于绩效的含义，人们有着不同的理解，最主要的观点有两种：一种是从工作结果的角度来理解；另一种是从工作行为的角度来理解。笔者认为，这两种观点都有一定的道理，但都有其局限性。所谓绩效，就是指员工在工作过程中所表现出来的与组织目标相关的，并且能够被评价的工作业绩、工作能力和工作态度。其中，工作业绩就是指工作的结果；工作能力和工作态度则是指工作的行为。

准确理解绩效的含义，应当把握以下几点。

①绩效是基于工作而产生的，与员工的工作过程直接联系在一起，工作之外的行为和结果不属于绩效的范围。

②绩效与组织的目标有关，对组织的目标有直接的影响。例如，员工的心情就不属于绩效，因为它与组织的目标没有直接的关系。

③绩效应当是表现出来的工作行为和工作结果，没有表现出来的就不是绩效。这一点和招聘录用时的选拔评价是有区别的。选拔评价的重点是可能性，也就是说要评价员工能否做出绩效，而绩效考核的重点则是现实性，也就是要评价员工是否做出了绩效。

④绩效既包括工作行为也包括工作结果，是两者的综合体，不能偏废其一。将绩效看作过程和结果的综合体，既强调了企业管理中的结果导向，也强调了过程控制的重要性。

二、绩效的特点

（一）多维性

多维性就是指员工的绩效往往是体现在多个方面的，员工的工作结果和工作行为都属于绩效的范围。例如，一名操作工人的绩效，除所生产产品的数量、质量外，原材料的消耗情况、工人的出勤情况、与同事的合作状态等，也是绩效的表现。因此，对员工的绩效评估必须从多方面进行考察。一般来说，企业可以从工作业绩、工作能力和工作态度三个方面来评价员工的绩效。当然，不同的维度在整体绩效中的重要性是不同的，要视情况而定。

（二）多因性

多因性就是指员工的绩效是受多种因素共同影响的，既有员工个体的因素，如知识、能力、价值观等，也有企业环境的因素，如组织的制度、激励机制、工作的设备和场所等。

（三）动态性

动态性就是指员工的绩效并不是固定不变的，在主客观条件变化的情况下，绩效是会发生变动的。比如，某个员工的绩效往往会随着时间的推移而不断地发生变化，原来较差的业绩有可能好转，或者原来较好的业绩也有可能变差，这种动态性就决定了绩效的时限性。这实际上解释了为什么绩效评价和绩效管理中存在一个绩效周期的问题。因此，在评价员工的绩效时，要以发展的眼光看待员工的绩效。

三、绩效管理的概念

绩效管理是管理者为确保员工的工作活动及产出与组织目标一致而实施管理的过程，具体包括绩效计划制定、绩效跟进、绩效考核、绩效评价等内容。

在此，要注意对绩效管理与绩效考核两个概念进行辨析。绩效考核是对员工工作绩效进行评价，以便对员工形成客观公正评价的过程，它是绩效管理的一个不可或缺的组成部分。绩效管理以绩效考核的结果为参照，通过与标准作比较，找出存在的差距，提供相应的改进方案，并推动方案的实施。许多人把绩效管理等同于绩效考核，认为二者没什么区别，其实这种观点是错误的——绩效考核只是绩效管理的一个组成部分，是绩效管理的核心环节，并不是绩效管理的全部内容。

四、绩效管理的目的

绩效管理的目的主要有三个方面，即战略目的、管理目的和开发目的。

（一）战略目的

绩效管理的首要目的是帮助高层管理者实现战略性经营目标。

为实现战略目的，首先要界定为达成某种战略所必需的结果、行为和员工的个人特征；然后要设计相应的绩效衡量和反馈系统，以确保员工能够最大限度地表现出上述行为和特征，并努力达成上述结果。

绩效管理体系通过将组织的目标与个人的目标和工作活动联系起来，强化有利于组织目标达成的员工个人行为和结果，为组织战略目标的实现提供了有力保障。即使是某些原因导致员工个人目标没有完成，将个人目标与组织目标联系起来的做法也是非常正确的，这至少能让员工清楚地了解了组织的战略活动目标。

（二）管理目的

绩效管理体系的第二个目的是为组织作出各种员工管理决策提供有价值的信息。

组织在作出很多员工管理决策时，需要获得员工绩效方面的信息。这些决策包括薪资管理（加薪、发放奖金等）、职位提升或调动、解雇员工等。如果一个组织不能获得关于员工的实际工作能力、工作结果、工作行为和工作态度等方面的信息，那么不仅很难作出对组织发展和经营有利的决策，而且无法公平对待员工。需要强调的是，在劳动法制健全的市场经济环境中，组织的绩效管理体系是否完善，能否对作出的相关管理决策依据（尤其是其中的员工绩效信息）保留完整的记录，对于组织在可能面临的劳动法律诉讼中保护自己的正当权益具有非常重要的意义。

（三）开发目的

绩效管理体系的第三个目的是对员工进行进一步开发，从而确保他们能够胜任本职工作。

绩效反馈是实施良好的绩效管理体系的一个重要组成部分，利用绩效反馈可以识别员工的优势和劣势，以及确定员工绩效不佳的原因（可能与个人因素有关，也可能与团队或环境因素有关）。但是，仅仅到这一步还不够，要想使绩效反馈有用，还必须针对已经发现的问题，分析原因并采取补救行动，力争通过制定行动计划和采取有力措施，实施补救行动，从而弥补原来的绩效缺陷。

除此之外，开发目的的另一个方面是：员工所获得的绩效信息反馈应当有助于他们设计自己的职业发展路径。因此，这里的开发目的既要包括短期开发目的，也要包括长期开发目的。

五、绩效管理的层次

绩效管理分为组织绩效管理、群体绩效管理和个人绩效管理三个层次。

（一）组织绩效管理

组织绩效的变量包括组织目标、组织设计和组织绩效管理，只有对组织进行系统整合与管理，实现三个方面的全面协同，才有利于组织绩效全面提升，进而有助于实现组织绩效管理的预期目标。建立明确清晰的组织目标仅仅是第一步，管理者还需要设计合理的组织结构以确保目标的实现。用于组织设计的初始方法可以是检查并改进"投入—产出"关系，通常要从组织系统有效运行的角度对业务流程进行调整甚至再造，促进关键流程实现系统协调，从而推动组织具有获得持续高绩效的能力。组织目标和组织设计确定后，就需要对组织绩效进行管理。

（二）群体绩效管理

群体绩效管理通常可以分为部门绩效管理和团队绩效管理。群体绩效管理的目的是促进组织中的部门或团队获得满意的绩效。

团队与部门的工作方式有差别，故而绩效管理也存在不同之处（如团队通常更加强调成员之间的共同承诺和相互协同）。进行团队绩效管理时，首先需要全面掌握团队的内涵、特点、作用等。一般来说，团队具有以下四个特点：第一，团队的主要任务是完成团队的共同目标；第二，团队成员具有相互依存性；第三，团队成员共同承担责任；第四，为完成团队共同目标进行全面协调，对于团队高效运作而言是必不可少的。

团队是提高组织运行效率的可行方式，它有利于组织更好地利用雇员的才能。在多变的环境中，团队比传统的部门结构更灵活、反应也更迅速。事实证明，如果某种工作任务的完成需要多种技能、经验，那么团队运作通常比个人单干的效果更好。

目前，在很多企业（尤其是大型企业）中，团队已成为主要的运作形式。鉴于团队工作模式的优点，很多组织在部门绩效管理中也注重团队绩效管理学习，从而使部门绩效管理更加合理和高效。

（三）个人绩效管理

组织和群体两个层次的绩效都由组织内的个人创造，也必须以个人绩效为基础。在组织和群体层次的绩效管理系统背景下，个人绩效系统全面细致地描绘了员工工作任务、行为过程及结果。个人绩效管理就是指为了组织和群体绩效目标，对员工围绕当前任务目标所开展的各种工作行为的过程和结果进行系统管理。

成功的绩效管理系统需要实现组织、群体和个人三个层次绩效管理的全面协同。个人绩效管理需要根据整个组织的战略目标，围绕实现一系列中长期的组织目标而开展各项具体管理工作。个人绩效管理应该全面体现员工价值创造的过程，即能反映"投入—产出"的价值创造流程，从而助推群体和组织的绩效持续提升。产出的质量受到投入质量、执行人员、激励及反馈等因素的综合影响，只有充分关注产出的每个组成部分，才能实现绩效的全面提升。

六、绩效管理与人力资源管理其他职能的关系

（一）绩效管理与工作分析的关系

工作分析是绩效管理的重要基础。

首先，员工在企业中需要根据工作分析得到的岗位描述来开展工作。因此，清晰的岗位描述信息对有效的绩效管理至关重要。

其次，绩效考核的方式受岗位特点的直接影响，对岗位采取何种方式进行评估是企业为绩效考核而进行准备时所面临和必须解决的一个重要问题。基于岗位的特点，对不同类型的岗位采取的绩效考核方式有所不同，如由谁进行评估，评估周期如何安排，绩效考核的信息如何收集，采取什么样的形式进行评估等，这些方面如何选择都取决于工作分析的信息。

最后，岗位描述是设定绩效指标的基础，对某个岗位的任职者进行绩效管理需要确定关键绩效指标，这些绩效指标往往是由关键职责决定的。

（二）绩效管理与薪酬管理的关系

绩效管理与薪酬管理的关系是最直接的。按照赫茨伯格（F. Herzberg）的双因素理论，如果将员工的薪酬与他们的绩效挂钩，使薪酬成为工作绩效的一种反映，就可以将薪酬从保健因素转变为激励因素，从而使薪酬发挥更大的激励作用。此外，按照公平理论的解释，支付给员工的薪酬应当具有公平性，这样才可以更好地调动他们的积极性，为此就要对员工的绩效作出准确的评价。一方面，使员工的付出能够得到相应的回报，实现薪酬的自我公平；另一方面，使绩效不同的员工得到不同的报酬，实现薪酬的内部公平。

（三）绩效管理与员工培训的关系

通过绩效管理可以了解员工的工作态度、工作行为和工作产出等状况，了解员工绩效状况中的优势与不足，进而改进和提高员工的工作绩效。培训与开发是绩效考核后的重要工作，是企业经常用来实现绩效改进的重要方法。绩效考核之后，主管人员往往要根据被考核者的绩效现状，结合其个人发展意愿，共同制定绩效改进计划和未来发展计划。人力资源部门则根据员工目前绩效中有待改进的方面，设计整体的培训与开发计划，并帮助主管和员工共同进行培训与开发。

总之，绩效管理在组织人力资源管理这个有机系统中占据核心地位，与人力资源管理的其他职能模块有密切的关系。通过发挥绩效管理的纽带作用，人力资源管理的各大职能模块可以有机地联结起来,保障企业人力资源管理的良性运作。

第二节 绩效计划

一、绩效计划的定义

绩效计划是整个绩效管理过程的开始。对于绩效计划,可以从以下几个方面理解。

第一,绩效计划是对整个绩效管理过程的指导和规划,是一种前瞻性的思考。

第二,绩效计划主要包括三部分的内容:①员工在考核周期内的绩效目标体系(包括绩效目标、指标和标准)、绩效考核周期;②为实现最终目标,员工在绩效考核周期内应从事的工作和采取的措施;③对员工绩效跟进、绩效考核和绩效反馈阶段的工作进行规划和指导。

第三,绩效计划必须由员工和管理者双方共同参与,绩效计划上有关员工绩效考核的事项,如绩效目标等,需要双方共同确认。

第四,绩效计划是一种前瞻性的思考,故而很有可能出现无法预料的事情。所以,绩效计划应该随着外部环境和企业战略的变化而随时调整,不能墨守成规。

二、绩效计划的作用

绩效计划对于整个绩效管理工作的成功与否，甚至组织的发展都有重要影响，主要体现在以下几个方面。

第一，制定行动计划，指导整个绩效管理环节的有效实施。

第二，增强后续工作的计划性，提高工作效率。

第三，设定考核指标和标准，有利于组织对员工工作的监控和指导，同时也为考核工作提供了衡量指标，使考核得以公正、客观、科学，容易让员工接受。

第四，员工参与计划的制定，增强员工的参与感，同时也提高了员工对绩效目标的认可程度。

绩效计划是将组织的战略目标和员工的考核指标相结合的重要环节，只有经过这一环节，才能使绩效考核和绩效管理上升到战略的高度。

三、绩效目标的制定

绩效目标又叫绩效考核目标，是对员工在绩效考核期间工作任务和工作要求所做的界定。绩效目标由绩效指标和绩效标准组成，绩效指标解决的是考核者需要考核什么的问题，而绩效标准则是要求被考核者做得怎样或完成多少的问题。

（一）绩效指标

1.绩效指标的分类

（1）工作业绩指标

工作业绩是员工通过工作努力取得的阶段性产出和直接结果。对工作业绩的考核是所有绩效考核中最基本的内容，直接体现员工在企业中价值的大小。

工作业绩指标包括员工完成工作的数量、质量、成本费用，以及为组织作出的其他贡献（包括岗位上取得的绩效和岗位以外取得的绩效）。工作业绩指标表现为完成工作的质量指标、数量指标、成本费用指标及工作效率指标等。

（2）工作能力指标

对员工工作能力的考核主要体现在四个方面：①专业知识和相关知识；②相关技能、技术和技巧；③工作经验；④所需的体能和体力。

这四个方面既相互联系又相互区别，技能和知识是基础，体能和体力是必要条件。通过对员工工作能力的考核，可以判断员工是否符合所担任的工作和职务的任职资格要求。一般来说，对员工工作能力的考核主要用于晋升决策。

（3）工作行为指标

工作行为考核是指对员工在工作过程中表现出的有关行为进行考核和评价，以衡量其行为是否符合企业的规范和要求。对员工工作行为的考核主要涉及出勤率、事故率、投诉率等方面。例如，一个酒店要对服务生的工作行为进行考核，可以从其劳动纪律、仪容仪表、文明卫生等方面着手。

（4）工作态度指标

工作态度考核是对员工工作积极性的评价和衡量。在绩效考核中，除了对员工的业绩、行为、能力进行考核，还应对员工的工作态度进行考核。工作态度指标通常包括忠诚度、责任感、主动性、敬业精神、进取精神等。

2. 绩效指标的设计

在设计绩效指标时，需要考虑的问题较多。为保证绩效考核的客观性，设计绩效指标时需要注意以下几点。

（1）绩效指标应与企业的战略目标相一致

在设计绩效指标的过程中，应将企业的战略目标层层传递和分解，使企业中每个职位都被赋予战略责任。绩效管理是战略目标实施的有效途径，所以绩效指标应与战略目标一致，不能与战略目标脱节，只有当员工努力的方向与企业战略目标一致时，企业整体的绩效才会得到提高。

（2）绩效指标应当有效

绩效指标应当涵盖员工的全部工作内容，这样才能够准确评价员工的实际绩效，这包括两个方面的含义：一是指绩效指标不能有缺失，员工的全部工作内容都应当包括在绩效指标中；二是指绩效指标不能有溢出，员工职责范围外的工作内容不应当包括在绩效指标中。例如，一位餐饮部经理的绩效指标应包含餐饮营业额、餐饮经营成本节省率、菜品出新率、客人满意度、客人投诉解决率、设备设施完好率、卫生清洁达标率、部门员工技能提升率。这些指标既涵盖了餐饮部经理的全部工作内容，又没有职责范围外的工作内容。

（3）绩效指标应当明确和具体

绩效指标要明确和具体地指出到底是要考核哪些内容，不能过于笼统和模糊不清，否则考核主体就无法进行考核。例如，考核教师的工作业绩时，授课情况就不是一个明确具体的指标，需要将其进一步分解成上课准时性、讲课内容的逻辑性、讲课方式的生动性等，这样的考核指标才是明确的、具体的。

（4）绩效指标应具有差异性

绩效指标应具有差异性是指对不同员工来说，绩效指标应当有差异，因为每个员工从事的工作内容是不同的，如销售经理的绩效指标与生产经理的绩效指标就是不同的。

此外，即便有些指标是一样的，权重也是不一样的。因为每个职位的工作重点不同，如计划能力对企业策划部经理的重要性就比对法律事务部经理的重要性大。

（二）绩效标准

绩效标准是考核员工绩效好坏的标准，是组织期望员工达到的绩效水平。绩效标准的确定，有助于保证绩效考核的公正性。确定绩效标准时，应注意以下几点。

1. 绩效标准应当量化

量化的绩效标准，主要有以下三种类型：一是数值型的标准，如年销售额为 50 万元等；二是百分比型的标准，如产品合格率为 95%，每次培训的满意率为 90% 等；三是时间型的标准，如接到任务后 3 天内按要求完成，在 1 个工作日内回复应聘者的求职申请等。

此外，有些绩效指标不能量化或者量化的成本较高，如能力和态度等工作行为的指标。对于这些指标，明确绩效标准的方式就是给出具体的行为描述。

2. 绩效标准应当适度

制定的标准要具有一定的难度，是员工经过努力可以实现的。目标太容易或者太难都会大大降低对员工的激励效果，因此绩效标准应当适度。

3. 绩效标准应当可变

这包括两层含义：一是对于同一个员工来说，在不同的绩效周期，随着外部环境的变化，其绩效标准也要变化。例如，对于空调销售员来说，由于销售有淡季和旺季之分，淡季的绩效标准就应当低于旺季的绩效标准。二是对于不同的员工来说，即使在同样的绩效周期，由于工作环境不同，绩效标准也应当不同。

四、绩效计划的基本过程

在制定计划时，管理人员首先需要根据上一级部门的目标，并围绕本部门的职责、业务重点以及客户（包括内部各个部门）对本部门的需求，来制定本部门的工作目标。然后，根据员工所在职位的职责，将部门目标分解到具体责任人，形成员工的绩效计划。因此，绩效目标大致有三个主要来源：一是上级部门的绩效目标；二是职位职责；三是内外部客户的需求。管理人员在制定绩效计划时，一定要综合考虑。

一般来说，绩效计划包括三个阶段：①准备阶段；②沟通阶段；③绩效计划的审定与确认阶段。

（一）准备阶段

在准备阶段，管理人员需要了解以下内容。

①组织的战略发展目标和计划。

②企业年度经营计划。

③部门的年度工作重点。

④员工所在职位的基本情况。

⑤员工上一绩效周期的绩效考核结果。

除此之外，管理人员还需要决定采用什么样的方式来进行绩效计划的沟通。

（二）沟通阶段

在沟通阶段，管理人员与员工主要通过对环境的界定和对能力的分析，确定有效的绩效计划，并就资源分配、权限、协调等可能遇到的问题进行讨论。

一般情况下，在沟通阶段应该至少回答以下问题：

①该完成什么工作。

②按照什么样的程序完成工作。

③何时完成工作。

④需要哪些资源与支持。

（三）绩效计划的审定与确认阶段

在绩效计划的审定与确认环节，管理人员需要与员工进一步确认绩效计划，形成书面的绩效合同，并且管理人员与员工都需要在该文档上签字确认。需要补充的是，在实际工作中，绩效计划一经确定并不是不可改变的。因为环境总是在不断发生变化，所以在计划的实施过程中，往往需要根据实际情况及时对绩效计划进行调整。

绩效计划的结果是绩效合同，很多管理人员过分关注最终能否完成绩效合同。实际上，最终的绩效合同很重要，制定绩效计划的过程也同样重要。在制定绩效计划的过程中，管理人员必须认识到，绩效计划是一个双向的沟通过程，一方面，管理人员需要向员工沟通部门对员工的期望与要求；另一方面，员工也需要向管理人员沟通自己的认识、疑惑、可能遇到的问题及需要的资源等。

在制定绩效计划的过程中，员工的参与和承诺也是至关重要的因素。因为按照目标激励理论的解释，当员工承认并接受某一目标时，这一目标实现的可能性会比较大。通过员工的参与，员工对绩效目标的承诺与接受程度就会比较高，从而有助于绩效目标的实现。

五、绩效考核周期

绩效考核周期就是多长时间进行一次评价，考核周期的设置要根据企业的性质、行业特征、岗位层级、岗位的工作特点等实际情况，不宜过长，也不宜过短。周期过长，则绩效考核的准确性和员工工作的积极性会受影响；周期过短，则会消耗组织过多的资源。一般的考核周期主要分为年度、半年、季度等。不同考核周期的考核内容和结果运用不尽相同。

第三节　绩效跟进

管理者和员工经过沟通达成一致的绩效目标之后，还需要不断地对员工的工作表现和工作行为进行监督管理，从而帮助员工获得最终的优秀绩效。在整个绩效跟进周期内，管理者采用恰当的领导风格，积极指导下属工作，与下属进行持续的绩效沟通，预防或解决实现绩效时可能发生的各种问题，以期更好地完成绩效计划，这个过程就是绩效跟进，也称绩效监控。

一、与员工持续沟通

绩效管理的根本目的是通过改善员工的绩效来提高企业的整体绩效，只有每个员工都实现了各自的绩效目标，企业的整体目标才能实现。因此在确定员工的绩效目标后，管理者还应当保持与员工的沟通，帮助员工实现这一目标。

（一）沟通的目的

在绩效跟进的过程中，管理人员与员工需要进行持续的沟通。其目的主要有以下几点。

①通过持续沟通对绩效计划进行调整。

②通过持续沟通向员工提供进一步的信息，为员工绩效计划的完成奠定基础。

③通过持续沟通，让管理人员了解相关信息，以便日后对员工的绩效进行客观的评估。同时，也要在绩效计划执行发生偏差时，及时了解相关信息，并采取相应的调整措施。

（二）沟通的内容

在沟通时，管理人员应该重点关注的内容有：工作的进展情况如何，是否在正确的轨道上，哪些工作进行得很好，哪些工作遇到了困难，需要对工作进行哪些调整，员工还需要哪些资源与支持等。

员工应该重点关注的内容有：工作进展是否达到了管理人员的要求，方向是否与管理人员的期望一致，是否需要对自己的绩效计划进行调整，管理人员需要从我们这里获得哪些信息，自己还需要哪些资源与支持等。

（三）沟通的意义

一般来说，管理人员与员工的持续沟通可以通过正式的沟通与非正式的沟通来完成。

常用的正式沟通的方式有：①书面报告，如工作日志、周报、月报、季报、年报等；②会议；③正式面谈。

非正式的沟通方式多种多样，常用的非正式沟通方式有：①走动式管理；②开放式办公室；③休息时间的沟通；④非正式的会议。与正式沟通相比，非正式的沟通更容易让员工开放地表达自己的想法，沟通的氛围也更加宽松。管理人员应该充分利用各种各样的非正式沟通机会。

二、选择恰当的领导风格

在绩效跟进阶段，领导者要选择恰当的领导风格，指导下属的工作，与下属进行沟通。在这一过程中，管理者处于极为重要的位置，管理者的行为方式和处事风格会极大地影响下属工作的状态，这就要求管理者能够在适当的时候采取适当的管理风格。涉及领导风格的权变理论主要有领导情景理论、路径—目标理论、领导者—成员交换理论等。在此，笔者将简要介绍认可程度较高的领导情景理论。

领导情景理论由赫塞（P. Hersey）和布兰查德（K. Blanchard）于 1969 年开发，该理论获得了广泛认可。领导情景理论认为，领导的成功来自选择正确的领导风格，而领导风格有效与否还与下属的成熟度相关。所谓下属的成熟度，是指员工完成某项具体任务所具备的能力和意愿程度。针对领导风格，赫塞和布兰查德根据任务行为和关系行为两个维度将其划分为四种不同的领导风格（见图 3-1），分别是：指示型（高任务—低关系）、推销型（高任务—高关系）、参与型（低任务—高关系）、授权型（低任务—低关系）。

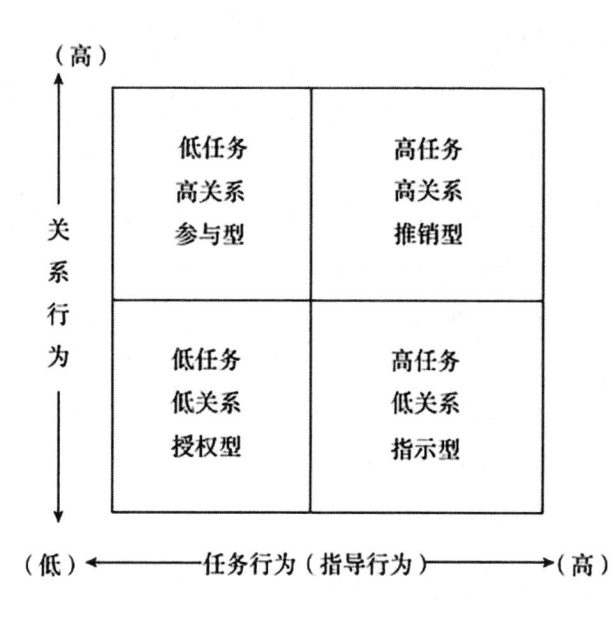

图 3-1 领导行为风格示意图

领导情景理论比较重视下属的成熟度，这实际上隐含了一个假设：领导者的领导力实际上取决于下属的接纳程度和能力水平。而根据下属的成熟度，也就是员工完成任务的能力和意愿程度，可以将下属分成四种（见图 3-2）。

R1：下属无能力且不愿意完成某项任务。

R2：下属缺乏完成某项任务的能力，但是愿意从事这项任务。

R3：下属有能力但不愿意从事某项任务。

R4：下属有能力并愿意完成某项任务。

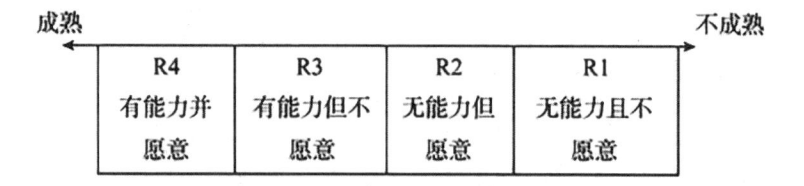

图 3-2 下属成熟度示意图

领导情景理论的核心就是将四种基本的领导风格与员工的四种成熟度阶段相匹配，为管理者根据员工的不同绩效表现做出适当回应提供了帮助。随着下属成熟度的增强，领导者不但可以减少对工作任务的控制，而且可以减少关系行为。具体来讲，在 R1 阶段，领导者应采用给予下属明确指导的指示型风格；在 R2 阶段，领导者需要采用高任务—高关系的推销型风格；到了 R3 阶段，参与型风格的领导对于员工来说最有效；而当下属的成熟度达到 R4 阶段时，领导者无须做太多的事情，只需授权即可。

三、辅导与咨询

（一）辅导

辅导是一个改善个体知识、技能和态度的技术。辅导的主要目的如下。

第一，及时帮助员工了解自己的工作进展情况，确定哪些工作需要改善，需要学习哪些知识和掌握哪些技能。

第二，必要时指导员工完成特定的工作任务。

第三，使工作过程变成一个学习过程。

好的辅导具有这样的特征：辅导是一个学习过程，而不是一个教育过程；管理者应对学习过程给予支持；反馈应具体、及时，并集中在好的工作表现上。

进行辅导的具体过程如下。

第一，确定员工胜任工作所需要学习的知识、技能，提供持续发展的机会，掌握可迁移的技能。

第二，确保员工理解和接受学习需要。

第三，与员工讨论应该学习的内容和最好的学习方法。

第四，让员工知道如何管理自己的学习，并确定在哪个环节上需要帮助。

第五，鼓励员工完成自我学习计划。

第六，在员工需要时，提供具体指导。

第七，就如何帮助员工进步、总结辅导经验达成一致。

（二）咨询

有效的咨询是绩效管理的一个重要组成部分。在绩效管理实践中，进行咨询的主要目的是：当员工没能达到预期的绩效标准时，管理者借助咨询来帮助员工克服工作过程中遇到的障碍。

在进行咨询时要做到以下几点。

第一，咨询应及时。也就是说，应该在问题出现后立即进行咨询。

第二，咨询前应做好计划，咨询应在安静、舒适的环境中进行。

第三，咨询是双向的交流。管理者应该扮演积极的倾听者的角色，这样才能使员工感到咨询是开放的，并鼓励员工多发表自己的看法。

第四，咨询的问题不要只集中在消极方面。谈到好的绩效时，应比较具体，并说出事实依据；对不好的绩效应给出具体的改进建议。

第五，要共同制定改进绩效的具体行动计划。

咨询过程主要包括三个阶段。

第一阶段，确定和理解，即确定和理解所存在的问题。

第二阶段，授权，也就是帮助员工确定自己的问题，鼓励他们表达这些问题，思考解决问题的方法并采取行动。

第三阶段，提供资源，即驾驭问题，包括确定员工可能需要的其他帮助等。

四、收集绩效信息

在绩效跟进阶段，很有必要对员工的绩效表现进行观察和记录，收集必要的信息。这些记录和收集到的信息的主要作用体现在为绩效考核提供客观事实依据。有了这些信息，在下一阶段对员工进行绩效考核的时候，就有了事实依据，从而有助于管理者对员工的绩效进行更为客观的评价，同时也能为绩效改善提供具体事例。

进行绩效考核的一个重要目的是不断提高员工的工作能力。通过绩效考核，管理人员可以发现员工还有哪些需要进一步改进的地方。而这些收集到的信息则可以作为具体事例，用来向员工说明为什么他们还需要进一步改进与提升。

在绩效跟进阶段，管理人员需要收集的信息有：能证明目标完成情况的信息，能证明绩效水平的信息，关键事件。收集绩效信息常用的方法有观察法、工作记录法和他人反馈法。

①观察法。观察法是指管理人员直接观察员工在工作中的表现，并如实记录。

②工作记录法。员工的某些工作目标完成情况是可以通过工作记录体现出来的，如销售额、废品数量等。

③他人反馈法。他人反馈法是指从员工的服务对象或者在工作中与员工有交往的人那里获取信息。比如，客户满意度调查就是通过这种方法获取信息的典型方法。不管采用哪种方法收集信息，管理人员都应该如实地记录具体事实。

第四节　绩效考核

绩效考核是一项系统工程，其中包括多项工作，只有每一项工作都落实到位，考核工作才能有实效。

一、绩效考核的关键

（一）考核对象的确定

企业中常见的考核对象主要分组织、部门、员工三个层面。针对不同的对象，考核内容也会有所不同。绩效计划阶段中所提到的两种绩效考核工具——

平衡计分卡和关键绩效指标，很好地将三个层面的绩效考核指标结合了起来。一般来说，企业在绩效管理过程中，应该优先考虑组织层面的考核，然后关注部门层面的考核，最后关注员工层面的考核。

（二）考核内容的确定

本书中所讲的绩效考核，主要是针对员工个人而言的，故而此处以对员工的绩效考核为例，解读考核内容的确定。

根据绩效考核的定义，考核主要针对三部分内容：工作能力、工作态度和工作业绩。所以，考核的内容理应包括这三个方面。下面着重介绍一下对工作业绩的考核。

所谓工作业绩，就是员工的直接工作结果。结果在某种程度上体现了员工的工作能力和工作态度。对员工的工作业绩进行评价，可以直观地说明员工工作完成的情况，更重要的是，工作业绩可以作为一种信号和依据，提示员工可能存在的需要提高和改进的地方。一般而言，我们可以从数量、质量和效率三个方面出发，来衡量员工的业绩。但是不同类型工作的业绩体现也有不同，例如，销售人员和办公室工作人员的业绩就不能用同一套指标和标准来衡量。所以，只有针对不同的岗位，设计合理的考核指标体系，才能科学、有效地对员工的业绩进行衡量。需要注意的是，要尽可能量化要考核的业绩方面，对于实在不能量化的方面，也要建立统一的标准，所建标准要尽可能客观。

（三）考核主体的确定

一般来说，考核主体主要包括五类成员（见图 3-3）：上级、同事、下级、员工本人和客户。

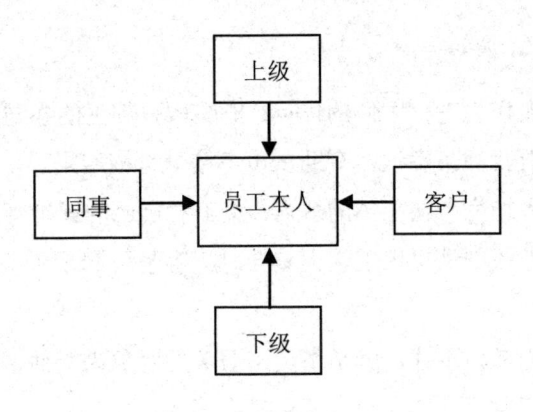

图 3-3　考核主体

1. 上级

以上级为考核主体的优点：由于上级对员工承担着直接的管理责任，因此他们通常比较了解员工的工作情况。此外，以上级作为考核主体，还有助于实现管理的目的，保证管理的权威性。

以上级为考核主体的缺点：上级领导往往没有足够的时间来全面观察员工的工作情况，考核信息来源相对单一；容易受领导个人的作风、态度，以及与下属员工关系等因素的影响，产生个人偏见。

2. 同事

以同事为考核主体的优点：由于同事和被考核者在一起工作，因此他们对被考核者的工作情况也相对了解；同事一般不止一人，通过对员工进行全方位的考核，可避免产生个人偏见。

以同事为考核主体的缺点：人际关系的因素会影响考核的公正性；员工有可能协商一致，相互给高分；有可能造成相互猜疑，影响同事关系。

3. 下级

以下级为考核主体的优点：可以促使上级关心下级的工作，建立融洽的关系；由于下级是被管理的对象，因此比较了解上级的领导管理能力，能够发现上级在工作中存在的问题。

以下级为考核主体的缺点：由于顾及上级的反应，下级往往不敢真实地反映情况；有可能削弱上级的管理权威，造成上级对下级的迁就。

4.员工本人

以员工本人作为考核主体的优点：能够增强员工的参与感，加强他们的自我开发意识和自我约束意识；有助于员工接受考核结果。

以员工本人作为考核主体的缺点：员工对自己的评价容易偏高；当自我考核和其他主体考核的结果出现较大差异时，容易引起矛盾。

5.客户

以客户作为考核主体，就是由员工服务的对象来对他们的绩效进行考核，这里的客户不仅包括外部客户，还包括内部客户。

以客户作为考核主体的优点：客户考核有助于员工更加关注自己的工作结果，提高工作的质量。

以客户作为考核主体的缺点：客户更侧重于员工的工作结果，难以对员工进行全面的评价。

由于不同的考核主体收集考核信息的来源不同，其对员工绩效的看法也会不同。为了保证绩效考核的客观、公正，企业应当根据不同考核指标的性质来选择考核主体，选择的考核主体应当对考核指标最了解。例如，"协作性"由同事进行考核，"培养下属的能力"由下级进行考核，"服务的及时性"由客户进行考核等。由于每个职位的绩效目标都由一系列指标组成，不同的指标又由不同的主体来进行考核，因此每个职位的考核主体也有多个。此外，当不同的考核主体对某一个指标都比较了解时，这些主体都应当对这一指标进行考核，以尽可能降低考核的片面性。

二、绩效反馈

绩效反馈是指绩效周期结束时，在上级和员工之间进行绩效考核面谈，由上级将考核结果告诉员工，指出员工在工作中存在的不足，并和员工一起制定绩效改进计划的过程。在这个阶段，员工和直接上级共同回顾员工在绩效周期的表现，共同制定员工的绩效改进计划和个人发展计划，以帮助员工提高自己。

管理人员要根据绩效考核的结果对员工进行相应的奖惩。所以,绩效反馈并不仅仅只是如字面意思那样,将绩效考核的结果反馈给员工,更重要的是与上级、员工共同探讨绩效不佳的原因,并制定绩效改进计划,以提升绩效。

(一)反馈面谈的准备工作

以面谈反馈为例,为了确保绩效反馈面谈达到预期的目的,管理者和员工双方都需要做好充分的准备。

管理者应做好以下四个方面的准备。

第一,选择适当的面谈主持者。面谈主持者应该由人力资源部门或高层管理人员担任,最好选择那些参加过绩效面谈培训、掌握相关技巧的高层管理人员作为面谈主持者,因为他们在企业中处于关键位置,能够代表企业组织,这有助于提高面谈的质量和效果。

第二,选择适当的面谈时间和地点。由于面谈主要是针对员工绩效结果来进行的,所以一般情况下,应选择在员工的绩效考核结束后,在得出了明确的考核结果且准备较为充分的情况下及时地进行面谈。具体的面谈地点可以根据情况灵活掌握。可以选择管理者的办公室、专门的会议室或者咖啡厅之类的休闲场所等。当然,在面谈过程中营造良好的面谈氛围也是重要的,比如尽量避免电话、访客等的影响。

第三,熟悉被面谈者的相关资料。在面谈之前,面谈者应该充分了解被面谈员工的各方面情况,包括教育背景、家庭环境、工作经历、性格特点,以及职务、业绩情况等。

第四,计划好面谈的程序和进度。面谈者事先要将面谈的内容、顺序、时间、技巧等计划好,自始至终地掌握好面谈的进度。

对于员工来说,其应该做好以下准备。

第一,重新回顾自己在一个绩效周期内的行为态度与业绩,收集与自己绩效相关的证明材料。

第二,对自己的职业发展有一个初步的规划,正视自己的优缺点。

第三，总结并准备好在工作过程中遇到的疑难问题，反馈给面谈者，请求组织的理解与帮助。

（二）面谈的实施

1.面谈的内容

面谈的内容主要是讨论员工工作目标考核的完成情况，并帮助其分析工作成功与失败的原因，以及下一步的努力方向，同时提出解决问题的意见和建议，以取得员工的认可。

在谈话中，管理者应注意倾听员工的心声，并对设计的客观因素表示理解和同情。对敏感问题的讨论应集中在缺点上，而不应集中在个人上，要最大限度地维护员工的自尊，使员工保持积极的情绪，从而使面谈达到增进信任、促进工作的目的。

表 3-1 为绩效反馈面谈表示例。

表 3-1 绩效反馈面谈表

面谈对象		职位编号	
面谈者		面谈时间	
面谈地点			
绩效考核结构（总成绩）			
工作业绩		工作能力	
上期绩效不良的方面			
导致上期绩效不良的原因			
下期绩效改进的计划			
面谈对象签字		面谈者签字	
绩效改进计划执行的情况			
记录者签字		时间	

2.面谈结束后的工作

为了将面谈的结果有效地运用到员工的工作实践当中,在面谈结束后,要做好以下两方面的工作。

第一,对面谈信息进行全面的汇总记录。就是将此次面谈的内容信息列出,如实地反映员工的情况,同时绘制出员工发展进步表,帮助员工全面了解自己的发展状况。

第二,采取相应对策提高员工的绩效。面谈的结果应该有助于员工的绩效提高。经过面谈,一方面,对于员工个人来说,其可以正确了解到自己的绩效影响因素,提高改进绩效的信心和责任感受;另一方面,企业全面掌握了员工心态状况,据此进行综合分析,结合员工的各方面原因,有的放矢地制定员工教育、培养和发展计划,帮助员工找到提高绩效的对策。

三、绩效改进

(一)绩效诊断

绩效诊断的过程包括两层内容:指明绩效问题和分析问题出现的原因。绩效诊断通过绩效反馈面谈来实现。绩效反馈面谈提供了一个正式的场合,既让员工容易接受自己绩效的反馈,同时也能使企业在面谈中获得员工的意见、申述和反馈。

诊断员工的绩效问题通常有两种思路:第一,从知识、技能、态度和环境四个方面着手分析员工绩效不佳的原因;第二,从员工、主管等方面来分析绩效问题。不管用哪种方法,都要全面地分析导致员工绩效不佳的可能性原因,分辨清楚是因为员工个人能力或经验不足,还是因为外界环境等因素的影响。

（二）制定改进计划

在绩效改进过程中，员工和直接上级都扮演着非常重要的角色。员工个人对自己的绩效负有责任，应尽力提高自己的绩效；直接上级也应该对员工提供指导和支持，以帮助员工顺利提高绩效。

1.员工的个人绩效改进计划

员工所制定的个人绩效改进计划，应包括如下几方面的内容。

首先，回顾自己上个周期的工作表现、工作态度以及反馈面谈中所确认的绩效病因，思考如何通过自己的努力改善绩效不佳的状况。

其次，制定一套完整的个人绩效改进计划，针对每项不良的绩效维度提出个人可以采取的改进措施（如需要学习的新知识、技能等），提高绩效的方式与途径（如向老员工请教、接受培训等）。

最后，针对改进措施，向组织提出必要的资源支持，综合调配自己的时间和可以利用的现实资源，以确保改进措施能够付诸行动。

2.上级和组织的支持

上级和组织的支持对于员工的绩效改进具有重要的作用，其所需要从事的工作主要包括以下方面。

第一，凭借自己的经验为员工提供建议，告诉他在改进绩效的过程中，需要或可以采取哪些措施来实现目标；帮助员工制定个人改进计划。

第二，针对员工的计划，提出自己的合理建议，确保该计划是现实可行的，并且对绩效改进确实有帮助。

第三，为员工提供必要的支持和帮助，满足员工的需求。

第四，管理者也可以从组织的角度出发，为员工指定导师或让员工参与某些通用的培训课程。

在制定绩效改进计划之后，员工进入下一个绩效改进周期。管理者在这个过程中要与员工保持沟通，适时向员工提供有效的指导和辅助，帮助员工克服在改进过程中所遇到的困难，避免员工再次出现偏差，确保在下一个绩效考核周期中，员工的绩效能够顺利提升。

（三）作出管理决策

将绩效考核结果作为依据，根据绩效考核结果作出的人力资源管理决策，主要包括四个方面的内容。

1.薪酬奖金的分配

按照强化理论的解释，当员工的工作结果或行为符合企业的要求时，企业应当给予员工正强化，以鼓励这种结果或行为；当员工的工作结果或行为不符合企业的要求时，企业应当给予其惩罚，以减少这种结果或行为的发生。因此，企业应当根据员工绩效考核的结果给予他们鼓励或惩罚，最直接的奖惩就体现在薪酬的变动中。一般来说，为增强薪酬的鼓励效果，员工的报酬中有一部分是与绩效挂钩的。当然，不同性质的工作，与绩效挂钩的比例有所不同。根据绩效的好坏来调整薪资待遇或给予一次性奖金鼓励等，有助于员工继续保持努力工作的动力。

2.职务的调整

绩效考核结果是员工职位调动的重要依据，这里的调动不仅包括纵向的升降，也包括横向的岗位轮换。如果员工在某岗位上的绩效非常突出，则可以考虑将其适当调整到其他岗位上锻炼，或承担更大的责任；如果员工不能胜任现有的工作，在查明原因后可以考虑将其调离现有岗位，去从事他能够胜任的工作岗位。对于调换多次岗位都无法达成绩效标准的员工，应该考虑解聘。

3.员工培训

培训的目的包括两方面：帮助员工提高现有的知识与技能，使其更好地完成目前岗位的工作；开发员工从事未来工作的知识与技能，使其更好地胜任未来将要从事的工作。绩效考核结果可以为员工的培训与开发提供依据，根据员工现任工作绩效的好坏，决定让员工参与何种培训。

4.员工的职业生涯规划

根据员工目前的绩效水平和培训经历,和员工协商制定长远的绩效与能力改进计划,明确其在企业中的发展方向。

第五节　绩效评价

一、绩效评价的概念

绩效评价是指根据绩效目标协议书所约定的评价周期和评价标准,由绩效管理主管部门选定评价主体,采用有效的评价方法,对组织、部门及个人的绩效目标完成情况进行评价的过程。对绩效评价内涵的深入理解需要把握三个方面。

第一,绩效评价能促进组织实现战略目标。绩效评价的内容具有行为导向的作用,能够引导个体行为聚焦于组织战略。组织想要实现既定战略,必须明确与战略相关的目标是什么,通过员工什么样的行为能够达成战略目标,然后将这些内容转化为绩效评价的内容传递给组织内的所有成员。绩效评价的引导和传递作用能够让员工的工作行为和结果指向组织战略目标,从而有利于组织战略目标的实现。

第二,绩效评价能够促进绩效水平的提升。管理者通过对组织绩效、部门绩效和个人绩效的评价,能够及时发现存在的绩效问题。通过及时沟通和反馈,分析个人层面、部门层面和组织层面存在的导致绩效不佳的因素,制定并切实执行绩效改进计划,从而提高各层面的绩效水平。

第三,绩效评价结果能够为各项人力资源管理决策提供依据。绩效评价的结果是组织作出薪酬决策、晋升决策、培训与开发决策的依据。只有将绩效评价的结果与人力资源管理的相关决策紧密联系起来，才能对企业所有员工起到激励和引导的作用，同时也能增加员工对各项人力资源管理决策的可接受程度。

二、绩效评价的内容

（一）业绩评价

业绩评价是绩效评价的核心内容。所谓业绩，就是通过工作行为取得的阶段性产出和直接结果，与组织战略目标实现相关的绩效都要通过业绩产出来衡量。评价业绩，不仅要判定个人的工作完成情况，也要衡量部门、组织的指标完成情况。更重要的是，管理者要以评价结果为基础，来有计划地改进绩效欠佳的方面，从而达到组织发展的要求。

对组织层面、部门层面、个人层面的业绩进行评价，所参考的指标不仅包括利益相关者层面的指标评价，也涵盖实现路径层面指标和保障措施层面的指标，既兼顾结果又兼顾过程，如此才能保证业绩评价的完整性和准确性。

业绩评价一般是从数量、质量、时间和成本等角度进行考虑的。需要注意的是，组织、部门和个人层面的业绩评价是有区别的，需要灵活处理。

（二）态度评价

通常人们认为能力强的人能够取得更好的工作绩效，但现实情况并非如此。能力强仅仅是获得好的工作绩效的一个重要条件，能力强的人并不一定能够取得最佳绩效，而能力相对弱的人也可能取得较好的绩效。出现这种情况的一个重要原因就是工作态度，不同的工作态度会对工作结果产生不同的影响。因此，在对员工进行绩效评价时，除了要对其工作业绩进行评价，还要对其工作态度进行评价，以鼓励员工充分发挥现有的工作能力，最大限度地提高绩效，并且通过日常工作态度评价，引导员工发挥工作热情。

工作态度是绩效评价的重要内容。对员工工作态度进行评价，是企业充分发挥其工作能力，激发员工工作积极性的重要手段。在评价员工的工作态度时，要注重评价其工作是否认真，在工作时是否有干劲，是否有执行力，是否遵守各种规章制度等。

三、绩效评价主体

（一）上级评价

直接上级在绩效管理过程中自始至终都起着十分关键的作用，上级评价也是常用的评价方式之一。直接上级最熟悉下级的工作情况，而且也比较熟悉评价的内容。同时对于直接上级而言，绩效评价作为绩效管理的一个重要环节，为他们提供了一种监督和引导下级行为的手段，从而可以帮助他们促进部门或团队工作的顺利开展。另外，绩效管理的目的与直接上级对下级进行培训与技能开发的目的是一致的。直接上级能够协助相关部门更好地将绩效管理与员工培训相结合，从而充分发挥这两个人力资源管理模块的行为引导作用。

（二）同级评价

同级评价是由评价对象的同级对其进行评价，这里的同级不仅包括评价对象所在团队或部门的成员，还包括其他部门的成员。这些人员一般与评价对象处于组织的同一层级，并且与评价对象经常有工作联系。研究表明，同级评价的信度与效度都很高，且同级评价还是评价对象工作绩效的有效预测因子。从同事对某人作出的评价，可以有效地预测此人将来能否在管理方面获得成功，这是因为同级经常以一种与上级不同的眼光来看待他人的工作绩效。

（三）下级评价

下级评价给管理者提供了一个了解员工对其管理风格看法的机会，这种自下而上的绩效反馈在很大程度上是基于强调管理者提高管理技能的考虑。下级由于不承担管理工作而不了解管理者工作的必要性，因此很难对事情进行客观准确的评价，其评价的信度通常比较低。

（四）自我评价

自我评价是自我开发的工具，让员工了解自己的长处与短处，以便设定适合自己发展的目标。如果一名员工是独自工作，没有合作伙伴或同事，或者其他特殊技能，那么只有他本人才有资格评价他的工作表现。

研究表明，自我评价时，员工对自己的要求往往很宽松。尽管自我评价存在某些缺点，但自我评价仍是一种既有价值又可靠的反映员工工作表现的信息渠道。

（五）客户和供应商评价

外部人员可参与评价。外部人员指比较了解员工工作情况的外部利益相关者，比如客户或供应商，企业可以让他们参与组织的绩效评价。

例如，在客户服务部门，企业让客户作为评价主体，对那些直接与客户联系的员工进行绩效评价，可以更多地掌握员工在实际工作中的表现。更为重要的是，由于客户满意度是企业成功的关键影响因素，这类企业通过将客户作为评价主体来引导员工行为，可以促进其更好地为客户提供服务。

第四章　薪酬管理

第一节　薪酬与薪酬管理的基本知识

薪酬管理是人力资源管理的重要组成部分，合理的薪酬在调动员工积极性、挖掘员工潜力、实现组织经营战略目标等方面有着不可替代的作用。

一、薪酬的基本知识

（一）薪酬的含义

薪酬是员工因向所在组织提供劳务而获得的各种形式的酬劳。狭义的薪酬指货币和可以转化为货币的报酬。广义的薪酬包括工资、奖金、休假等外部回报，也包括参与决策、承担更大的责任等内部回报。内部回报往往看不见，也摸不着，不是简单的物质付出，对于企业来说，如果运用得当，也能对于员工产生较大的激励作用。然而，在管理实践中，内部回报方式经常会被管理者忽视。管理者应当认识到内部回报的重要性，并合理利用。为了吸引和留住有能力的员工，拥有多种薪酬类型的企业往往更有竞争力。

（二）薪酬的性质

薪酬是同商品货币关系相联系的一个范畴。从生产力的角度看，它是企业生产或其他经济活动中投入的活劳动的货币资金表现形式。在市场经济条件下，企业可以借助薪酬来计量生产中消耗的活劳动。从生产关系的角度看，薪酬体现为收入分配的结果。它的性质和特点是由一定的生产关系决定的，生产关系不同，薪酬的性质和特点也就不同。

有些学者认为，薪酬除了具有经济意义上的概念，还有一些其他方面的概念。例如：薪酬是一种心理概念，可以看作员工个人和企业之间的一种心理契约；薪酬是一种社会概念，因为在某种程度上，薪酬在企业内部和社会上是一种地位的象征；薪酬又是一种公平概念，既包括内部公平也包括外部公平，也就是说薪酬应该与员工的贡献相符。总之，薪酬是一个涉及多学科的概念，不同的学科可以从不同的角度对薪酬进行定义。

（三）薪酬的功能

薪酬代表了企业和员工之间的一种利益交换关系。因此，可以从企业和员工两个角度来理解薪酬的功能。就企业而言，薪酬是改善经营绩效、引导人力资源的有效配置以及塑造和强化企业文化的重要手段；就员工而言，薪酬主要有保障功能、激励功能以及价值实现功能等。

1.从企业角度来看

（1）改善经营绩效

薪酬是对劳动者和经营者绩效的一种评价，且对员工的工作态度、工作行为和工作绩效都有影响。薪酬不仅决定了企业可以招募到的员工数量和质量，决定了企业中的人力资源存量，还决定了现有员工受到的激励程度。合理的薪酬体系，能提高员工的工作效率、出勤率等，进而改善企业的经营绩效。

（2）引导人力资源的有效配置

薪酬具备引导作用，能促进人力资源的有效配置，用高薪吸引人才，因为人才一般会倾向于薪酬水平较高的地区和职位。

（3）塑造和强化企业文化

同样的薪酬可能产生合作文化，也可能产生雇佣文化。合理和富有激励性的薪酬制度有助于企业塑造良好的企业文化，或者能对企业文化产生积极影响。相反，如果薪酬制度与企业文化或价值观之间存在冲突，那么它会对企业文化或价值观产生消极影响。

对于企业来说，薪酬成本是成本支出的重要组成部分。虽然较高的薪酬水平有利于企业吸引和保留员工，但同时也会给企业带来较大的成本压力，从而对企业在市场上的竞争产生不利影响。所以，如何在保证一定的薪酬吸引力的同时有效地控制薪酬成本支出，对于大多数企业来说都具有重大意义。

2.从员工角度来看

（1）保障功能

劳动者付出劳动换取薪酬，以满足个人以及家庭的吃、穿、住、用等基本生活需求，从而实现劳动力的再生产。薪酬对劳动者及其家庭生活的保障作用是其他任何收入手段都无法替代的。同时，薪酬还会满足员工在娱乐、教育、自我开发等方面的发展需要，对员工及其家庭的生活状态以及生活方式有着非常大的影响。

（2）激励功能

从心理学的角度来看，薪酬可以看作员工和企业之间的一种心理契约，它对员工的工作态度、工作行为以及工作绩效都会产生很大影响。如果员工的薪酬需求得不到满足，则很可能会产生消极怠工、工作效率低下、人际关系紧张、缺勤率和离职率上升、凝聚力和忠诚度下降等不良后果。

（3）价值实现功能

薪酬是员工工作业绩的显示器，合理的薪酬是对员工工作能力和水平的认可。薪酬水平的高低也往往代表了员工在组织内部的地位与层次。此外，合理的薪酬还能增强员工对组织的信任感和归属感。

二、薪酬管理的基本知识

（一）薪酬管理的含义

薪酬管理是指企业在经营战略的指导下，综合考虑内外各种因素的影响，针对所有员工所提供的服务来确定他们的薪酬水平、薪酬结构和薪酬形式，并进行薪酬调整和薪酬控制的整个过程。

薪酬水平指组织内部各类职位以及组织整体平均薪酬的高低情况，它反映了组织支付的薪酬的外部竞争力。因为，员工会将本来的薪酬与外部劳动力市场或其他企业中从事同样工作的员工所获得的薪酬进行比较，这种比较结果常常会影响求职者是否选择到本组织来工作，还影响组织中现有员工是否会作出跳槽决策。

薪酬结构是指组织内部各个职位之间薪酬的相互关系，它反映了组织支付的薪酬的内部一致性。员工经常会把自己的薪酬与比自己等级低的、等级相同的以及等级高的职位上员工的薪酬进行对比，以此来判断组织对本人所支付的薪酬是否公平。

薪酬形式是指在员工和组织总体薪酬中，不同类型的薪酬的组合方式。

薪酬调整是指组织根据内外部环境等各种因素的变化，对薪酬水平、薪酬结构和薪酬形式进行相应的变动。

薪酬控制是指组织对支付的薪酬总额进行测算和监控，以维持正常的薪酬成本开支，避免过重的财务负担。

（二）薪酬管理的作用

薪酬管理作为人力资源管理的主要职能活动之一，具有以下几个重要作用。

1. 有助于组织吸引和保留优秀的员工

这是薪酬管理最基本的作用。组织支付的薪酬是员工最主要的经济来源，是他们生存的重要保证。比尔（M. Beer）所著的《管理人力资本》中的一项调查结果显示，在组织各类人员所关注的问题中，薪酬问题排在最重要或次重要的位置。薪酬管理的有效实施，能给员工提供可靠的经济保障，从而有助于组织吸引和保留优秀的员工。

2.有助于实现对员工的激励

根据心理学理论，人们的行为都是在需要的基础上产生的，对员工进行激励的支点就是满足其没有实现的需要。根据马斯洛（A. H. Maslow）的需要层次论，人类存在五个层次的需要，实行有效的薪酬管理能够从不同程度上满足这些需要，从而实现对员工的激励。薪酬水平的高低也是员工绩效水平的反映，较高的薪酬表明员工具有较好的绩效，这可以在一定程度上满足他们自我实现的需要。

3.有助于改善组织的绩效

薪酬管理的有效实施，能够对员工产生激励作用，提高他们的工作绩效，而每个员工个人绩效的改善必然使整个组织的绩效得到提升。此外，薪酬管理对组织绩效的改善还表现在降低成本方面。对任何组织来说，薪酬都是一项重要的成本开支，通过有效的薪酬管理，企业可以控制自己的总成本，从而提升组织的经营绩效，进而提高组织的竞争力。

4.有助于塑造良好的企业文化

良好的企业文化对于企业的生存发展有着重要作用，有效的薪酬管理有助于塑造良好的企业文化。首先，薪酬是进行企业文化塑造的物质基础，员工的生活也因此能够得到有效保障。其次，企业的薪酬制度本身就是企业文化的一部分，如奖励的导向、公平的观念等。

（三）薪酬管理与人力资源管理其他职能的关系

薪酬管理与人力资源管理的其他职能紧密结合才能发挥出最大的效用。

1.薪酬管理和人力资源规划

职位说明书来源于人力资源规划，它直接影响着员工的岗位薪酬。在现代薪酬管理中，以岗位薪酬为主的薪酬体系是目前应用最普遍的一种薪酬体系。

2.薪酬管理和员工招聘

薪酬管理和员工招聘活动相互影响：一方面，组织的薪酬设计会对组织的招聘工作的速度，所获得员工的数量、质量及人格特征产生影响；另一方面，组织对要招聘的员工的类型、知识、经验及能力水平所作要求的高低等，又会直接影响组织的薪酬水平和薪酬结构。

3.薪酬管理和员工培训与开发

员工的培训与开发及职业生涯规划已经成为组织核心竞争力的一个重要来源。薪酬管理对于组织的培训与开发活动能起到很好的支持和引导作用。

4.薪酬管理和绩效管理

绩效管理是现代组织人力资源管理的核心内容，绩效评价指标体系的建立、绩效目标的制定、绩效监督积极性评价与反馈机制是任何一家现代组织得以持续发展的动力。组织的绩效制度要想得到贯彻，必须有相应的薪酬制度来支持。近年来，绩效与薪酬的关系日益密切，这是组织薪酬制度变革的重要内容。

综上所述，薪酬管理是整个人力资源管理系统及组织运营和变革过程中的重要组成部分，它与其他人力资源管理职能模块共同助力于组织愿景、组织总体战略目标的实现。

第二节　薪酬的制定

薪酬是生产成本的重要组成部分，如制造业的薪酬可达到生产成本的25%，服务业的薪酬可达到生产成本的40%。此外，薪酬是影响企业员工工作态度和行为的重要因素，薪酬与缺勤率、离职率有密切关系。因此，薪酬的制定，从财务和人力资源的角度来看均是企业的一项重要决策。

一、薪酬体系

薪酬体系是指薪酬的构成，即一个人的工作报酬由哪几部分构成。它可以是内在的，也可以是外在的。一般而言，员工的薪酬主要包括以下几个部分：基本薪酬（即本薪）、奖金、津贴、福利。

第一，基本薪酬包括正常工资和加班工资。加班工资为员工在工作时间之外从事劳动应得的报酬。

第二，奖金是员工按照公司的业绩要求，完成其岗位绩效目标后应获得的收入。它主要根据员工每个考评期的考评结果计算，体现了薪酬的激励性，是员工薪酬的重要组成部分。奖金包括业绩提成和年终奖金。

第三，津贴是指为补偿员工在特殊条件下的劳动消耗及生活费而额外支出的工资补充形式。常见的津贴包括矿山井下津贴、高温津贴、野外矿工津贴、林区津贴、山区津贴、驻岛津贴、医疗卫生津贴等。

第四，福利是指除工资、奖金外，员工根据国家、省、市等的有关规定所应享受的待遇，以及公司为提高员工生活水平而提供的相关福利措施。福利应是人人都能享受的利益，它能给员工归属感。福利一般包括休假、"五险一金"等。

二、薪酬体系的类型

（一）职务工资制

职务工资制是首先对职务本身的价值进行客观评估，然后根据评估的结果赋予担任这一职务的从业人员与其职务价值相当的工资的一种工资制度。这种工资体系建立在职务评价基础上，员工所担任职务的差别是决定他们工资差别的最主要因素。

职务工资制的特点：①严格的职务分析，比较客观公正；②职务工资比重较大，职务津贴高，在整个工资中职务工资一般在60%以上，工资浮动比重小，比较稳定；③严格的职等职级，并对应严格的工资等级；④员工晋升的机会比较少，成长的空间比较小，从而影响员工工作的积极性、主动性和创造性。

（二）职能工资制

职务工资制基于职务，发放的对象是职务。职能工资制基于员工能力，发放的对象是员工能力，能力工资占员工工资的65%以上。设计职能工资制的难点在于能否科学有效地对员工的能力进行测试和评估。著名的素质冰山模型表明，员工有很大一部分能力是隐藏而没有显现出来的。因此，评估员工能力也就相当困难。另外，基于能力设计薪酬，哪些能力应用于固定工资，哪些能力又与浮动工资有关，哪些能力应用于短期激励和考核，哪些能力与长期激励和考核有关等，这些都是需要弄清楚的问题。当然，职能工资制相比职务工资制要科学、合理一些，因为它把员工的成长与公司的发展统一起来考虑，而不是把员工当成机器，仅仅担任某一职务或承担一定的职责。实行职能工资制的重点是职业化任职资格体系和职业化素质与能力评价体系的建立。

（三）绩效工资制

绩效工资制是从计件工资制发展起来的，它不是简单意义上的工资与产品数量挂钩的工资形式，而是建立在科学的工资标准和管理程序基础上的工资体系，它的基本特征是将员工的薪酬收入与员工个人业绩挂钩。业绩是一个综合概念，它不仅包括员工生产的产品数量和质量，还包括员工对企业的其他贡献。企业支付给员工的业绩工资虽然也包括基本工资、奖金和福利等几项主要内容，但这几项内容是有机结合在一起的。

绩效工资制的特点如下：①员工工资与可量化的业绩挂钩，将激励机制融入企业目标与个人业绩的联系之中；②工资向业绩显著者倾斜，有利于提高企业生产效率，有利于节省工资成本；③突出团队精神和企业形象，提高员工的积极性和凝聚力；④绩效工资占总体工资的50%以上，浮动部分比较大。

（四）经营者年薪制

公司制企业特别是股份制企业，一般采取所有者与经营者相分离的经营形式。在企业中，所有者的目标是企业利润最大化，而经营者的目标是个人经营业绩的最大化，两者的目标有差别。所有者承担的风险是资本亏损，而经营者承担的风险只是职位丧失和收益减少，两者的责任不对称，同时所有者无法精确衡量经营者工作的努力程度，以及这种努力可能带来的最大利润。因此，应建立经营者的激励机制和约束机制，其中一个重要方法就是通过经营者年薪制有效地激励和约束经营者的行为。

三、影响薪酬决策的因素

企业的薪酬决策会受到企业内外部环境等诸多因素的影响,企业必须认真分析这些影响因素以保证薪酬管理活动的有效实施。这里主要从企业外部因素、企业内部因素以及员工个人因素等三个方面进行分析。

(一)企业外部因素

1.法律法规

法律法规对企业的行为具有强制性和约束力,往往规定了企业薪酬水平的最低标准。例如,《中华人民共和国劳动法》《最低工资规定》和《工资支付暂行规定》等法律法规规定了企业支付薪酬的下限和支付的规定要求;社会保险的相关法律规定了企业必须为员工缴纳一定数额的社会保险。随着社会的发展,这些相关法律规定也在不断地完善,因此企业实施薪酬管理时必须考虑这些因素,在法律规定的范围内经营。

2.生活水平

对员工来说更有意义的是实际薪酬水平,不是简单的薪酬数字,而是他们所获得的经济收入与物价水平的比率大小。当物价上涨时,为保证员工的生活水平不变,企业支付员工的货币报酬也应有所增加。

3.劳动力市场状况

在市场经济条件下,劳动力可以看作在人才市场进行交易的商品,而薪酬就是劳动力的价格,它取决于劳动力市场的供给和企业需求之间的相对关系。在企业需求一定的情况下,如果劳动力市场紧张,劳动力资源就会供不应求,劳动力的价格就会上涨。此时,企业想获取必要的劳动力资源就必须提高薪酬水平。反之,如果劳动力资源供给过剩,劳动力的价格就会趋于平稳或下降,企业可以维持或降低薪酬水平。

4.其他企业的薪酬状况

其他企业的薪酬状况对企业薪酬管理的影响是最直接的，员工往往会进行横向比较。当其他企业，特别是竞争对手企业的薪酬水平提高时，为保证薪酬的外部公平性，留住合适的员工，企业也要相应地提高薪酬水平，否则就有可能造成员工薪酬满意度下降甚至离职等不良后果。

（二）企业内部因素

1.企业的经营战略

薪酬管理应该服从和服务于企业的经营战略，在不同的经营战略下，企业的薪酬管理也会不同。

2.企业的发展阶段

在不同的发展阶段，企业经营的重点也是不同的，经营重点不同，企业的薪酬策略形式也会不同。

3.企业的管理哲学和企业文化

根据以往的研究和实践，一些从国外引进的薪酬体系，如能力薪酬，在实践中并不能达到预期效果，原因是这些薪酬体系不一定适用于所有企业，薪酬体系的效果在很大程度上取决于它与企业文化的匹配程度。企业文化明确了公司倡导什么、反对什么，是进行薪酬决策的依据之一。因此，有效的薪酬体系是建立在企业的管理哲学和文化基础上的。

（三）员工个人因素

1.员工所处的职位

员工所处的职位，是决定员工个人基本薪酬以及企业薪酬结构的重要基础，也是内部公平性的主要体现。职位对员工薪酬的影响不仅取决于它的等级，还取决于职位所承担的工作职责以及任职资格要求。

2.员工的综合素质和技能

员工所获得的薪酬不仅受工作职位的影响，还受员工个人综合素质和拥有的知识、技能的影响。企业要根据员工拥有的与工作相关的知识或技能支付薪酬。

3.员工的绩效表现

员工的绩效表现是决定其激励薪酬的重要因素。在企业中，激励薪酬往往是与员工的绩效联系在一起的，具有正相关的关系，员工的绩效越好，其激励薪酬也就越高。有时，员工的绩效表现还会影响加薪。

4.员工工作的年限

工作年限主要有工龄和企龄两种表现形式，工龄是员工参加工作以来整个的工作时间，企龄则是指员工在本企业的工作时间。工作年限对员工的薪酬水平产生一定的影响。一般情况下，工龄和企龄越长，员工的薪酬水平相对越高。

四、薪酬体系设计的原则

（一）战略导向原则

优秀的薪酬体系必须符合公司的战略目标，服务于公司的长远规划和发展。组织在设计薪酬体系时，必须体现组织发展战略的要求。

（二）公平性原则

有效的薪酬必须满足公平性要求。公平性是薪酬体系设计的基本要求，也是必然要求。公平分为内部公平和外部公平。内部公平的含义如下：组织依据组织内不同的工作岗位对组织整体目标实现的相对价值来支付薪酬，并通过岗位评估衡量岗位价值来决定；同种工作岗位上的员工的薪酬应公平，即同工同酬；由于不同员工的资历、技能存在差异，即使同种工作岗位上的不同员工，所获得的公平的报酬在数量上也是有差异的,即按劳分配;薪酬还可通过绩效考评来核算。外部公平是指不同组织之间的薪酬应公平,可通过薪酬调查来实现。因此,公平不是绝对的,而是相对的。

(三) 外部竞争性原则

组织在设计薪酬体系时必须考虑到同行业的薪酬水平和竞争对手的薪酬水平,保证组织的薪酬水平在行业内具有一定的竞争力,以吸引和留住组织发展所需的优秀人才。

(四) 激励性原则

薪酬设计应以增强工资的激励性为导向,通过设计动态工资和奖金等激励性工资单元来激发员工的工作积极性。另外,应设计和开放不同的薪酬提升通道,使不同岗位的员工有同等的晋级机会。

(五) 经济性原则

高标准的薪酬水平自然会提高组织薪酬的竞争性与激励性,但组织的成本也会不可避免地上升。因此,在设计薪酬体系时,要进行人力成本的投入产出比核算,组织既要考虑薪酬的对外竞争性和对内激励性,又要考虑组织财力的有效支付范围,找到最佳的平衡点。

(六) 可操作性原则

薪酬体系应当浅显易懂,使员工能够理解设计的初衷,并按照企业的引导规范自己的行为,从而达到更好的工作效果。薪酬体系简洁明了,其操作性才会强。操作性强的薪酬体系能得到迅速推广,也便于管理。

（七）与绩效的相关性原则

薪酬与企业、团队和个人的绩效完成状况密切相关，薪酬中应准确地体现不同的绩效考核结果，保证员工之间的公平，最终实现企业整体绩效目标。

（八）适应性原则

薪酬体系应当能够体现企业自身的业务特点，以及企业性质、所处区域、行业的特点，并能满足这些因素的要求。企业在不同的发展阶段和外界环境发生变化的情况下，应当及时对薪酬体系进行调整，以适应环境的变化，满足企业发展的要求。

（九）合法原则

组织涉及的薪酬体系必须遵守国家相关的法律、法规和政策，如遵守国家法律、法规和政策中关于最低工资、福利、保险等的规定。

第三节　职位评价

在企业中，要想确定一个职位的价值，就要确定每个职位在企业中的地位，需要衡量不同职位的贡献价值——这就需要进行职位评价。

一、职位评价的含义

职位评价（或称职位评估、岗位测评）是在工作分析的基础上对职位的责任大小、工作强度、所需资格条件等进行评价，以确定职位相对价值的过程，是一种职位价值的评价方法。

显然，职位评价的评价对象是职位，而非任职者，它反映的只是职位的相对价值，而不是职位的绝对价值，因为职位的绝对价值是无法被衡量的。在职位评估中，组织中的每一个职位都必须接受评估，可根据以下特点来评估其价值：①职位的相对重要性；②员工胜任职位所需的知识、技能和能力；③职位的难度。

二、职位评价的具体作用

（一）确定职位等级的手段

职位等级常常被企业作为划分工资级别、福利标准、出差待遇、行政权限等的依据，甚至被作为内部股权分配的依据，而职位评价则是确定职位等级的主要手段。有的企业仅仅依靠职位头衔称谓来划分职位等级，而不是依据职位评价，这样有失公平。

（二）薪酬分配的基础

在很多公司的薪酬结构中，都有职位工资这个项目。在通过职位评价得出职位等级之后，就便于确定各个职位的职位工资了。

（三）员工确定职业发展和晋升路径的参照系

员工在企业内部跨部门流动或晋升时，也需要参考各职位等级。透明化的职位评价标准，便于员工理解企业的价值标准是什么，员工该怎样努力才能获得更高的职位。

三、职位评价方法

常见的职位评价方法有职位排序法、职位参照法、职位分类法、因素计点（评分）法、海氏三要素评估系统、因素比较法等。

（一）职位排序法

职位排序法是目前国内外广泛使用的一种职位评价方法，这种方法是一种整体性的职位评价方法。它是根据一些特定的标准，如工作的复杂程度、对组织的贡献大小等，对各个职位的相对价值进行整体比较，进而将职位按照相对价值的高低排列起来的职位评价方法。

排序时基本采用两种做法。

1.直接排序法

直接排序法即按照职位的说明根据排序标准从高到低或从低到高进行排序。

2.交替排序法

交替排序法即先从所需排序的职位中选出相对价值最高的排在第一位，再选出相对价值最低的排在倒数第一位，然后再从剩下的职位中选出相对价值最高的排在第二位，接下来再从剩下的职位中选出相对价值最低的排在倒数第二位，依此类推。

职位排序法的优点是简单、容易操作、省时省力，适用于规模较小、职位数量较少、新设立职位较多、评价者对职位了解不是很充分的情况。这种方法的缺点是评价者多依据自己对职位的主观感觉进行排序，对职位进行排序无法准确得知职位之间的相对价值关系。因此，职位排序法在职位相对较少的小型组织中较适用。

（二）职位参照法

职位参照法就是用已有工资等级的职位来对其他职位进行评估，具体步骤如下：①成立职位评估小组；②评估小组选出几个具有代表性且容易评估的职位，对这些职位用其他办法进行评估；③如果企业已有评估过的职位，则直接选出被员工认同价值的职位即可；④将第二步和第三步选出的职位定为标准职位；⑤评估小组根据标准职位的工作职责和任职资格要求等信息，将类似的其他职位归类到这些标准职位中来，形成一组职位；⑥将每一组中所有职位的职位价值设置为本组标准职位价值；⑦在每组职位中，根据每个职位与标准职位的工作差异对这些职位的职位价值进行调整；⑧最终确定所有职位的职位价值。

（三）职位分类法

与职位参照法类似，但不同的是职位分类法没有可参照的标准职位。它是按照工作内容、工作职责、任职资格等方面的不同要求，将企业的所有职位分为不同的类别，一般可分为管理工作类、事务工作类、技术工作类及营销工作类等。然后给每一类工作确定一个职位价值的范围，并对同一类职位进行排列，从而确定每个职位不同的职位价值。职位分类法就像一个有很多层次的书架，每一层都代表着一个等级，可把最贵的书放到最上面一层，最便宜的书放到最下面一层，而每个职位则如同这些价值不同的书。职位分类的目标是将这些书分配到书架的各层，这样就可以看到不同价值的职位分布情况。

职位分类法的优点如下：①它是一种简便、易理解、易操作的职位评价方法，适用于大型组织对大量的职位进行评价；②这种方法的灵活性较强，在组织中职位发生变化的情况下，可以迅速地将组织中新出现的职位归到合适的类别中去。

职位分类法的缺点如下：①对职位等级的划分和界定存在一定的难度，有一定的主观性；②如果职位级别划分不合理，会影响对全部职位的评价。

职位分类法适用于评价职位性质类似、可以进行明确分组、工作内容差异性不大的职位。

（四）因素计点（评分）法

因素计点（评分）法是运用最广泛的职位评价方法，比职位排序法和职位分类法要复杂得多。它首先确定与职务有关的报酬要素，并给予这些要素以不同的权数或分数。然后按预先规定的衡量标准，对现有岗位的各个因素逐一评估，求得点数，经过加权求和，最后得到各个岗位的总点数。报酬要素用来确定多种职务所共有的工作价值，这些要素是根据职务分析而确定的。例如，在仓库或制造车间的职位中，体力要求、危险程度和工作环境就可以作为报酬要素，并给予较大的权数。然而，在绝大多数办公室职位中，这些因素几乎没什么意义。因此，报酬要素以及相关的权重必须反映所评价职位的性质和变化。

因素计点法是一种较为精确的职位评价方法。目前，我国一些企业所实行的职位技能工资，基本上采取了这种方法。因素计点法运用的是明确定义的因素，如责任因素、知识技能因素、工作强度因素、工作环境因素等。因素数量可能从几个到十几个不等，这主要看方案的需要。每一个因素被分成几种等级层次，并赋予一定的分数值（这个分数值就表明了每个因素的权数），然后对职位的因素逐个进行分析，并确定各个因素的分数，对这些分数求和就得到了一个职位的总分数值。这个总分数值决定了这个职位在职位序列中的位置。

（五）海氏三要素评估系统

海氏咨询公司在进行职位评价时运用了一种特殊的评分法，该方法也得到了业界的普遍认可（尽管该方法通常用于被免职的员工），这就是海氏三要素评估系统。该方法用三项要素来衡量每个职位对这些要素的需求程度。

这种评分法逐渐被大众认可，主要有几个原因。首先，它使用起来相对简单，考虑了职位各个部分而不是整个职位，比职位排序法和职位分类法完善。一旦点分确定下来，职位评价的点分手册出台，它几乎能被任何人使用，即使这个人不是专家。管理人员和员工都能理解该方法的体系是如何运行的，这是一个很明显的优势。其次，该方法评价了职位的每一部分，并在考虑当前的薪酬结构前确定了总的分数。这样，雇主就能直接评估职位的相对价值而不是依赖过去的价值模式。

这种评分法的一个主要缺点是确定体系要花费大量时间，受限于这一因素，企业往往使用咨询公司或其他公司的点分手册和体系。有学者批评点分体系着重强调传统的组织结构和工作强度。尽管这种方法不是十全十美的，但总的来说它比职位分类法和职位排序法好，因为它把工作的各个部分都数量化了。

（六）因素比较法

因素比较法是一种量化的职位评价方法，它实际上是对职位排序法的一种改进。这种方法与职位排序法的主要区别是：职位排序法是从整体的角度对职位进行比较和排序，而该方法则是选择多种薪酬因素，按照各种因素分别进行排序的。

应用此方法，首先要分析基准职位，找出一系列共同的薪酬因素。这些薪酬因素应该是能体现出职位之间本质区别的一些因素，如责任、工作的复杂程度、工作压力大小、工作所需的教育水平和工作经验等。然后，再将每个基准职位的工资或所赋予的分值分配到相应的薪酬因素上。

因素比较法的一个突出优点就是可以根据在各个薪酬因素上得到的评价

结果计算出一个具体的薪酬金额，这样可以更加精确地反映出职位之间的相对价值关系。在企业需要一种职位评价量化方法，且愿意花大量费用引入一种职位评价体系的情况下，因素比较法较为适用。运用因素比较法，有利于企业把薪酬结构与基准职位的相对等级、行业内的薪酬水平紧密联系起来。

总之，职位评价的方法各有特点，企业要选择适合自身的职位评价方法。

第四节　薪酬管理的发展趋势

当前，随着市场竞争的加剧，企业逐渐意识到富有竞争性的薪酬体系的重要性。对企业来说，薪酬是一把双刃剑，使用得当，能够吸引、留住和激励人才，可以有效提高企业的实力和竞争力；使用不当，则会带来危机。建立全面、科学的薪酬管理系统，对企业培育核心竞争力、取得竞争优势、获得自身的可持续发展具有重要意义。因此，不断调整和完善薪酬制度，是企业当前的一项紧迫任务。与传统薪酬管理相比，现代薪酬管理出现了以下发展趋势。

一、日益重视薪酬调查

近年来，薪酬调查受到企业的广泛关注。通过薪酬调查，企业可以了解劳动力市场的薪酬状况，掌握各类人才的价格行情，从而制定正确的薪酬策略，有效控制企业的人力成本。通过薪酬调查得到的薪酬信息包括外部信息和内部信息。

（一）外部信息

外部信息指相同地区和行业，相似性质、规模的企业的薪酬水平、薪酬结构、薪酬价值取向等。外部信息主要是通过薪酬调查获得的，它能够使企业在制定和调整薪酬方案时，有可以参考的资料。

（二）内部信息

内部信息主要是指员工满意度调查和员工合理化建议。满意度调查的功能并不一定在于了解有多少员工对薪酬是满意的，而是了解员工对薪酬管理的建议，以及不满到底是在哪些方面，进而为改进薪酬制度奠定基础。

二、全面薪酬

全面薪酬主要包括两个部分：外在薪酬和内在薪酬。薪酬不仅仅是指纯粹货币形式的报酬，还包括非货币形式的报酬，也就是精神方面的激励，比如优越的工作条件、良好的工作氛围、培训机会、晋升机会等，这些方面也应很好地融入薪酬体系。公司给受聘者支付的薪酬应包括外在薪酬和内在薪酬两类。

（一）外在薪酬

外在薪酬主要是指为受聘者提供的可量化的货币性价值。例如，基本工资、奖金等短期激励薪酬，股票、期权等长期激励薪酬，退休金、医疗保险等货币性的福利，以及公司支付的其他各种货币性的开支，如住房津贴等。

（二）内在薪酬

内在薪酬是指那些给员工提供的不以量化的货币形式表现的各种奖励价值，如培训的机会、吸引人的公司文化、和谐的工作环境、公司对个人的表彰等。

三、宽带型薪酬结构

宽带薪酬就是在组织内用少数跨度较大的工资范围来代替原有数量较多的工资级别的跨度范围，将原来十几甚至二十几、三十几个薪酬等级压缩成几个级别，取消原来狭窄的薪酬等级带来的职位间明显的等级差别。减少薪酬等级的同时可拓宽薪酬范围。拓宽薪酬范围是指采用比传统的薪酬体系更少的薪酬级别和更大的级宽，把许多等级合并，同时把每一个等级的范围扩大，其目的是鼓励员工水平流动，使其获取更多技能。

宽带薪酬的实行，更适应组织的扁平化和工作多样化的发展趋势。在等级少、幅度宽的宽带薪酬体系下，员工可根据劳动力市场情况和组织要求的变化来转换工作职责。实行宽带薪酬的主要优势是可以形成更加灵活的组织结构，鼓励员工能力的提升，强调职业发展。

宽带薪酬的缺点是很多员工认为晋升往往伴随着薪酬的增加和薪酬等级的提高，因此没有了薪酬等级的变动，员工会认为组织缺少晋升机会。

值得注意的是，宽带薪酬并不适用于所有组织，很多组织以一种相对结构化的方式运作，灵活的宽带薪酬不适用于这些企业。

四、弹性福利制度

公司在福利方面的投入在总的人力成本里所占的比例是比较高的，但这一部分的支出往往被员工忽视。此外，员工在福利方面的偏好也是因人而异的。要解决这一问题，目前最常用的方法就是采用弹性福利制，即让员工在规定的范围内选择自己喜欢的福利组合。

弹性福利制是一种有别于传统的固定式福利的员工福利制度。弹性福利制又称自助餐式的福利制度，在这种福利制度下，员工可以从企业所提供的一份列有各种福利项目的"菜单"中自由选择其所需要的福利。

弹性福利制强调的是让员工按照自己的需求从企业所提供的福利项目中选择自己所需的一套福利套餐，每一名员工都有自己专属的福利组合。另外，弹性福利制强调员工参与的过程。

五、以人为本的薪酬管理方案

传统的、以等价交易为核心的薪酬管理方案，正在被以人为本的、以员工的参与和开发员工的潜能为目标的薪酬管理方案所替代。这种薪酬管理方案的实质是将薪酬管理作为企业管理和人力资源开发的一个有机组成部分，作为一种激励机制和手段，其基本思路是将企业的工资方案建立在四个要素（薪酬、信任、缩减工资分类和业绩）之上，其目的是通过加大工资中的激励成分，换取员工对企业的认同，以培养员工的敬业精神。

与传统管理方案相比，基于人本思想的薪酬管理方案鼓励员工参与和积极贡献，强调劳资之间的利润分享。其主要实现措施包括：①把员工当作企业经营的合作者，建立员工与企业同荣俱损的薪酬管理方案；②改变以工作量测定为基础的付酬机制为技能和业绩付酬机制；③加大员工薪酬方案中奖励和福利的比例，使之超出正常工资数额；④使员工的基础薪酬部分处于不断变动中，稳定收入比重缩小，浮动收入加大，且浮动部分视员工对企业的贡献而定；⑤改变传统的工作时间计量和管理方法，以员工自报的工作时间和工作量为薪酬计量的依据，体现对员工的信任；等等。

第五章　劳动关系管理

第一节　劳动关系与劳动关系管理

一、劳动关系

（一）劳动关系的概念

劳动关系是指用人单位与劳动者之间依法所确立的劳动过程中的权利义务关系。在不同国家或不同体制下，劳动关系又被称为"劳资关系""劳工关系""劳雇关系""雇佣关系"等。在西方国家，劳动关系通常被称为"产业关系"，是产业中劳动力与资本之间关系的缩略语，即产业社会领域内，政府、雇主和劳动者（工会）围绕有关劳动问题而发生的社会经济关系。

（二）劳动关系的特点

1.劳动关系是一种经济利益关系

雇员付出劳动从雇主那里换取报酬及福利以维持生活。因此，工资和福利就成为连接雇主与雇员的基本经济纽带，这就形成了雇员与雇主之间的经济利益关系。如果缺乏这种经济利益上的联系，劳动关系就不存在，因而经济利益也就成为雇员与雇主之间最主要的联系，也是雇员与雇主之间进行合作或产生冲突的最主要原因。

2.劳动关系是一种劳动力与生产资料的结合关系

因为从劳动关系的主体上说，当事人一方为劳动力所有者和支出者，称为雇员（或劳动者），另一方为生产资料所有者和劳动力使用者，称为雇主（或用人单位）。劳动关系的本质是强调用人单位需要将劳动者提供的劳动力作为一种生产要素纳入其生产过程，与生产资料相结合。

3.劳动关系是一种具有显著从属性的人身关系

虽然双方的劳动关系是建立在平等自愿、协商一致的基础上的，但劳动关系建立后，双方在职责、管理上有了从属关系。用人单位要安排劳动者与生产资料结合；而劳动者则要通过运用劳动能力，完成用人单位交给的各项生产任务，并遵守用人单位的规章制度，接受用人单位的管理和监督。劳动者在整个劳动过程中无论是在经济上，还是在人身上都从属于雇主。

4.劳动关系体现了表面上的平等性和实质上的非平等性

用人单位和劳动者双方都是劳动关系的主体，在平等自愿的基础上签订劳动合同，缔结劳动关系。同样，双方也可以解除劳动关系，在遵循法律规定的情况下，劳动者可以辞职，企业也可以辞退员工。双方在履行劳动合同的过程中，劳动者按照用人单位的要求提供劳动，用人单位支付劳动者劳动报酬，这体现了权利义务的平等。但这种平等是相对的。

从总体上看，劳动者和用人单位在经济利益上是不平等的。虽然法律规定双方具有平等的权利，但是经济力量上的差异造成的实际权利上的不平等是不容否认的事实。特别是在就业压力大的情况下，雇主会在劳动力市场上占有更大的优势和主动地位。相对而言，劳动者的选择机会是有限的，而雇主则可以利用各种有利的形势迫使劳动者接受不平等的合同条款，如较低的工资待遇和福利，或者过长的工作时间等。

5.劳动关系具有社会关系的性质

劳动关系不仅仅是一种纯粹的经济关系，它更多地渗透到非经济的社会、政治和文化关系中。在劳动关系中，劳动者在追求经济利益的同时，也寻求其他方面的利益，如荣誉、周围人的尊敬、归属感、成就感等。所以，工作不仅是劳动者赖以生存的基础，工作场所也是满足劳动者以上需要的场所。这就要求雇主在满足劳动者经济需要的同时，还要关注劳动者的社会需求。

二、劳动关系的构成主体

劳动关系的构成主体是指劳动关系中的相关各方。从狭义上讲，劳动关系的构成主体包括两方：一方是雇员和以工会为主要形式的雇员团体，另一方是雇主及雇主组织。从广义上讲，除雇员、雇员团体与雇主、雇主组织外，政府会通过立法介入和影响劳动关系，政府也是广义上的劳动关系的主体之一。

（一）雇员

劳动关系中的雇员是指具有劳动能力和行为能力，由雇主雇佣并在其管理下从事劳动以获取工资收入的劳动者。雇员一般具有以下特征：雇员是被雇主雇佣的人，不包括自由职业者和自雇人士；雇员要服从雇主的管理；雇员以工资为主要劳动收入。

《中华人民共和国工会法》第三条规定："在中国境内的企业、事业单位、机关、社会组织（以下统称用人单位）中以工资收入为主要生活来源的劳动者，不分民族、种族、性别、职业、宗教信仰、教育程度，都有依法参加和组织工会的权利。"这基本界定了雇员的范围。

（二）雇员团体

在劳动关系中，员工和雇主地位之间的差距是造成劳资冲突的根本原因。为了能够与雇主相抗衡，员工组织了自己的团体来代表全体员工的共同利益。雇员团体包括工会和类似于工会的雇员协会与职业协会。

早在 19 世纪 90 年代，韦伯夫妇（Sidney James Webb & Beatrice Webb）就通过对当时英国工会的研究，提出了工会具有互助保险、集体谈判和参与法律制定等功能。他们后来又把工会定义为：由工资收入者组成的旨在维护并改善其工作、生活条件的连续性组织。工会的主要目标就是通过集体协商和集体谈判等方式，增强工人与雇主谈判时的力量，改善工人的工作条件，提高工人的劳动报酬及其他待遇。

在许多国家，工会是雇员团体的主要组织形式。工会的组织原则是对员工招募不加任何限制，既不考虑职业因素，也不考虑行业因素。工会是以维护和改善员工的劳动条件、提高员工的经济地位、保障员工利益为主要目的的。在工会出现的早期，雇主对工会采取强烈抵制的态度，工会更多地被当作工人进行斗争的工具。随着人们对工会角色、职能认识的不断深入，雇主不再把工会当作对其管理权的挑战，而是理性地看待工会，期望通过与工会的合作来改善劳资关系，提高企业的竞争力。

（三）雇主

雇主也称雇佣者、用人单位、用工方、资方、管理方，是指在一个组织中，使用雇员进行有组织、有目的的活动，并向雇员支付工资报酬的法人或自然人。各个国家由于国情的不同，对雇主范围的界定也不一样。我国较多使用"用人单位"这一中性概念。

（四）雇主组织

雇主组织是由雇主依法组成的组织，其目的是通过一定的组织形式，将单个雇主联合起来形成一种群体力量，在产业和社会层面通过这种群体优势同工会进行协商和谈判，最终维护雇主利益。雇主组织通常有以下三种类型：行业协会、地区协会和国家级雇主联合会。在我国，像中国企业联合会、中国企业家协会、中华全国工商业联合会等，都是雇主组织。雇主组织的主要作用是维护雇主利益，主要从事的活动有以下四种：①雇主组织直接与工会进行集体谈判；②当劳资双方对集体协议的解释出现分歧或矛盾时，雇主组织可以采取调解和仲裁的方式来解决；③雇主组织有义务为会员组织提供有关处理劳动关系的一般性建议，为企业的招聘、培训、绩效考核、安全、解雇等提供咨询；④雇主组织代表会员的意见，维护会员的利益。

（五）政府

现代社会中政府的行为已经渗透到经济、社会和政治、生活的各个方面，政府在劳动关系中扮演着重要的角色，发挥着越来越重要的作用。政府在劳动关系中主要扮演四种角色：①劳动关系法律、法规的制定者，通过出台法律、法规、政策等来调整劳动关系，保护雇主及雇员的合法利益；②公共利益的维护者，通过经济、行政等手段促进劳动关系的协调发展，切实保障有关劳动关系的法律、法规的执行；③国家公共部门的雇主，以雇主身份直接参与和影响劳动关系；④有效服务的提供者，为劳资双方提供信息服务和指导。

（六）国际劳工组织、国际雇主组织与国际经贸组织

全球化是当代劳动关系不得不面对的趋势，任何国家的劳工问题都不得不考虑其国际背景和国际影响。因此，任何一个国家的劳动法律、政策和实践，在某种程度上都要受到来自有关国际组织和国际标准的约束。也可以说，劳动关系的存在和调整，已经不仅仅是一个国家的内部事务，还受到国际经贸规则和国际劳工标准的影响，以及跨国公司管理惯例的制约。受经济全球化的影响，我国劳动关系在主体结构、劳动标准、调整方式等方面，开始呈现出国际化的趋向。

三、劳动关系管理的作用

劳动关系管理是指通过规范化、制度化的管理，使劳动关系双方（企业与员工）的行为得到规范，权益得到保障，维护稳定和谐的劳动关系，促使企业稳定经营。劳动关系管理之所以重要，除了因为它具有明确的法律内涵、受国家法律调控，还因为其在企业管理中具有重要作用，是人力资源管理的一项重要内容。人力资源管理人员应该深刻理解劳动关系并能够正确管理劳动关系。劳动关系管理的作用主要体现在以下几个方面。

（一）可以避免劳资双方矛盾激化

劳动关系是否和谐稳定间接影响着社会的稳定程度。劳动争议的存在是劳动关系管理不到位的体现，劳动争议如果处理不当，还可能会引发一系列的社会治安问题。只有劳动争议得到正确、公正、及时的处理，才可能避免劳资双方的矛盾激化，减少恶性事件的发生。因此，人力资源管理部门应注重对劳动争议的处理，尽可能合理处理劳动争议案件，避免劳资双方的矛盾激化。

（二）保证劳资双方的合法权益

劳动争议的产生大部分是因为劳动权利与义务产生的纠纷。劳资双方中不论任何一方侵犯对方权益、不全面履行相关义务与责任、违反国家规定都不利于劳动关系的存续。这不但影响了用人单位正常的生产经营秩序，损害用人单位的效益，同时也会影响劳动者及其家人的生活，从而影响社会的进步与稳定。合理合规的劳动关系管理，可以提高当事人的法治观念，保证劳资双方的合法权益。

（三）构建和谐社会的要求

加强劳动关系管理工作是构建和谐社会的要求，构建社会主义和谐社会就需要有稳定和谐的劳动关系。社会是文化、政治、经济诸多方面的统一体，是以物质生产为基础的人类生活共同体，是人与人在劳动过程中结成的各种关系的总和。在各种社会关系中，劳动关系是其中最重要、最基本的关系之一，是社会关系的核心之一。

第二节　劳动合同

一、劳动合同的内容

《中华人民共和国劳动合同法》（以下简称《劳动合同法》）规范了劳动合同的订立、履行、变更、解除、终止，加强了用人单位的法律责任；同时，也对用人单位的劳动合同管理提出了新的要求。

（一）劳动合同期限

《劳动合同法》第十二条规定：

> 劳动合同分为固定期限劳动合同、无固定期限劳动合同和以完成一定工作任务为期限的劳动合同。

《劳动合同法》第十九条规定：

> 劳动合同期限三个月以上不满一年的，试用期不得超过一个月；劳动合同期限一年以上不满三年的，试用期不得超过二个月；三年以上固定期限和无固定期限的劳动合同，试用期不得超过六个月。

同一用人单位与同一劳动者只能约定一次试用期。

以完成一定工作任务为期限的劳动合同或者劳动合同期限不满三个月的，不得约定试用期。

试用期包含在劳动合同期限内。劳动合同仅约定试用期的，试用期不成立，该期限为劳动合同期限。

（二）工作内容和工作地点

工作内容应明确员工在组织中从事的工作岗位、性质、工种以及应完成的任务、应达到的目标等，劳动者应事先对从事的工作做到心中有数。工作地点是劳动合同履行地，是劳动者从事劳动合同中所规定的工作内容的地点，劳动者有权在与用人单位建立劳动关系时知悉自己的工作地点。

（三）劳动保护和劳动条件

劳动保护是指用人单位为了防范劳动过程中安全事故的发生，保障劳动者的生命安全和健康而采取的各种措施。劳动条件是指用人单位为保障劳动者履行劳动义务、完成工作任务而提供的必要物质和技术条件，如必要的劳动工具、机械设备、工作场地、技术资料等。

（四）劳动报酬和社会保险

劳动报酬是员工在付出一定劳动后的回报，用人单位应根据国家法律法规的规定，结合员工的实际工作，合理、定期地发放劳动报酬。劳动报酬有工资、奖金、津贴等形式。社会保险由国家成立的专门机构进行基金的筹集、管理，不以营利为目的，一般包括医疗保险、养老保险、失业保险、工伤保险及生育保险。

（五）劳动纪律

劳动纪律是用人单位为了其正常的生产经营而建立的一种劳动规则，根据用人单位的实际情况，有工作时间纪律、生产纪律、保密纪律、防火纪律等。员工应自觉遵守用人单位制定的劳动纪律。

（六）违反劳动合同的责任

用人单位与劳动者任意一方由于自身的原因无法履行或不能完全履行合同，应按照合同的有关规定接受处罚。例如，《劳动合同法》第八十七条规定："用人单位违反本法规定解除或者终止劳动合同的，应当依照本法第四十七条规定的经济补偿标准的二倍向劳动者支付赔偿金。"

除了以上必备条款，用人单位与劳动者双方还可以约定培训、竞业限制、保守秘密、补充保险和福利待遇等其他事项。

二、劳动合同的变更

劳动合同的变更是指劳动合同双方当事人就已经订立的合同条款达成修改与补充的法律行为。劳动合同的变更一般有两种形式：法定变更和协商变更。

（一）法定变更

法定变更是指在特殊情形下，劳动合同的变更并非因当事人自愿或同意，而是具有强制性。这些特殊情况都是由法律明文规定的，当事人必须变更劳动合同：一是由于不可抗力或社会紧急事件等，企业或劳动者无法履行原劳动合同，如地震、战争、台风、暴雪等。当这些情况出现时，双方当事人应当变更劳动合同的相关内容。二是法律法规的制定或修改，导致劳动合同中的部分条款内容与之相悖而必须修改，如政府关于最低工资标准的调整，地方政府颁布的关于高温天气作业的劳动时间变化的规定等，用人单位与劳动者应当依法变更劳动合同中相应的内容，并按照法律法规的强制性规定执行。

另外，法定变更还包括：

第一，劳动者患病或者非因工负伤，在规定的医疗期满后不能从事原工作，用人单位应当在与劳动者协商后，另行安排适当的工作，并因此相应变更劳动合同的内容。

第二，劳动者不能胜任工作，用人单位应当对其进行培训或者调整其工作岗位，使劳动者适应工作要求并相应变更劳动合同。

第三，劳动合同订立时所依据的客观情况发生重大变化，致使原劳动合同无法履行的，用人单位应当与劳动者协商，就变更劳动合同达成协议。

第四，因企业转产、重大技术革新或重大经营方式调整等企业内部经济情况发生变化的，用人单位应当与劳动者协商变更劳动合同。

（二）协商变更

1.协商变更劳动合同内容的程序

《劳动合同法》第三十五条规定：

用人单位与劳动者协商一致，可以变更劳动合同约定的内容。变更劳动合同，应采用书面形式。

变更后的劳动合同文本由用人单位和劳动者各执一份。

协商变更劳动合同应遵循以下几个程序：①提出变更理由、申请；②及时回复对方的变更申请；③协商一致后签订书面变更合同；④变更后的书面合同由用人单位和劳动者各执一份，并保存。

2.协商变更劳动合同需要注意的问题

第一，用人单位和劳动者均可以提出变更劳动合同的要求。提出变更要求的一方应及时告知对方变更劳动合同的理由、内容、条件等，另一方应及时做出答复，否则将可能导致一定的不良后果。

第二，变更劳动合同应当采用书面形式。变更后的劳动合同仍然需要由劳动者当事人签字、用人单位盖章且签字，方能生效。变更后的劳动合同应由用人单位和劳动者各执一份。

第三，对于特定的情况，不需办理劳动合同变更手续的，只需向劳动者说明情况即可。如用人单位名称、法定代表人、主要负责人或者投资人等事项发生变更的，则不需要办理劳动合同变更手续，劳动合同双方当事人应当继续履行原合同的内容。

第四，劳动合同变更应当及时进行。劳动合同变更必须在劳动合同生效之后、终止之前进行，用人单位和劳动者应当对劳动合同变更问题给予足够的重视，不能拖到劳动合同期满后进行。依照法律规定，劳动合同期满，劳动合同即行终止，那时便不存在劳动合同变更的问题了。

第五，劳动合同变更的效力。劳动合同变更是对劳动合同内容的局部更改，如工作岗位、劳动报酬、工作地点等，一般说来都不是对劳动合同主体的变更。变更后的内容对于已经履行的部分往往不发生效力，仅对将来发生效力，同时，劳动合同未变更的部分，劳动合同双方还应当继续履行。

三、劳动合同解除

劳动合同解除，是指劳动合同在订立以后，尚未履行完毕以前，由于合同双方或者单方的法律行为导致双方当事人提前解除劳动关系的法律行为。劳动合同解除可分为协商解除、劳动者单方解除和用人单位单方解除三种情况。

（一）协商解除劳动合同

协商解除劳动合同，是指用人单位与劳动者在完全自愿的情况下，互相协商，在彼此达成一致意见的基础上提前终止劳动合同的效力。

我国《劳动合同法》第三十六条规定："用人单位与劳动者协商一致，可以解除劳动合同。"此为协商解除劳动合同，即双方当事人在协商一致的前提下，可以做出与原来合同内容不同的约定，这种约定可以是变更合同相关内容，也可以是解除劳动合同关系。双方当事人一旦就劳动合同的解除协商达成一致，并签订书面解除合同协议，就产生了双方劳动合同关系完结的法律效力。

劳动合同依法订立后，双方当事人必须履行合同义务，任何一方不得因后悔或者难以履行而擅自解除劳动合同。但是，为了保障用人单位的用人自主权和劳动者劳动权的实现，规定在特定条件和程序下，用人单位与劳动者在协商一致且不违背国家利益和社会公共利益的情况下，可以解除劳动合同，但必须符合以下几个条件：

第一，被解除的劳动合同是依法订立的有效的劳动合同。

第二，解除劳动合同的行为必须是在被解除的劳动合同依法订立生效之后、尚未全部履行之前进行。

第三，用人单位与劳动者均有权提出解除劳动合同的请求。

第四，在双方自愿、平等协商的基础上达成一致意见，可以不受劳动合同中约定的终止条件的限制。

（二）劳动者单方解除劳动合同

劳动者与用人单位解除劳动合同，分为两种情况：一是劳动者自身的主观原因想要提前解除劳动合同；二是用人单位过错导致劳动者不得不提前与之解除劳动合同。

1.劳动者自身的主观原因想要提前解除劳动合同

《劳动合同法》第三十七条规定："劳动者提前三十日以书面形式通知用人单位，可以解除劳动合同。劳动者在试用期内提前三日通知用人单位，可以解除劳动合同。"劳动者在行使解除劳动合同权利的同时，必须遵守法律的相关规定，主要体现在以下两个方面。

（1）遵守解除预告期

规定劳动合同的解除预告期是各国劳动立法的通行做法。劳动者在享有解除劳动合同权的同时，也应当遵守解除合同预告期，即应当提前三十天通知用人单位才能有效。这样便于用人单位及时安排人员接替其工作，保持劳动过程的连续性，确保正常的工作秩序，避免因劳动者解除劳动合同影响用人单位的生产经营活动。同时，这样也使劳动者解除劳动合同合法化。否则，劳动者将会构成违法解除劳动合同，而将可能承担赔偿责任。

（2）书面形式通知用人单位

无论是劳动者还是用人单位，在解除劳动合同时，都必须以书面形式告知对方。因为这一形式的确定直接关系到解除预告期的起算时间，也关系到劳动者的工资等利益。

如果劳动者违反法律、法规的规定解除劳动合同，用人单位可以不给付经济补偿金。给用人单位造成经济损失的，劳动者还应当承担相应责任。

2.用人单位过错导致劳动者不得不提前与之解除劳动合同

《劳动合同法》第三十八条规定：

用人单位有下列情形之一的，劳动者可以解除劳动合同：

（一）未按照劳动合同约定提供劳动保护或者劳动条件的；

（二）未及时足额支付劳动报酬的；

（三）未依法为劳动者缴纳社会保险费的；

（四）用人单位的规章制度违反法律、法规的规定，损害劳动者权益的；

（五）因本法第二十六条第一款规定的情形致使劳动合同无效的；

（六）法律、行政法规规定劳动者可以解除劳动合同的其他情形。

用人单位以暴力、威胁或者非法限制人身自由的手段强迫劳动者劳动的，或者用人单位违章指挥、强令冒险作业危及劳动者人身安全的，劳动者可以立即解除劳动合同，不需事先告知用人单位。

特别解除权是劳动者无条件单方解除劳动合同的权利，是指如果出现了法定的事由，劳动者无须向用人单位预告就可通知用人单位解除劳动合同。由于劳动者行使特别解除权往往会给用人单位的正常生产经营带来很大的影响，法律或者立法者在平衡保护劳动者与用人单位合法利益的基础上对此类情形作了具体的规定，只限于在用人单位有过错行为的情况下，允许劳动者行使特别解除权。

（三）用人单位单方解除劳动合同

劳动合同法在赋予劳动者单方解除权的同时，也赋予用人单位对劳动合同的单方解除权，以保障用人单位的用工自主权。但为了防止用人单位滥用解除权，随意与劳动者解除劳动合同，法律、法规严格限定用人单位与劳动者解除劳动合同的条件，以保护劳动者的合法权益，禁止用人单位随意或武断地与劳动者解除劳动合同。《劳动合同法》中对用人单位单方解除劳动合同的问题，做了比较明确的规定。

1.因劳动者过错而解除劳动合同

《劳动合同法》第三十九条规定：

劳动者有下列情形之一的，用人单位可以解除劳动合同：

（一）在试用期间被证明不符合录用条件的；

（二）严重违反用人单位的规章制度的；

（三）严重失职，营私舞弊，给用人单位造成重大损害的；

（四）劳动者同时与其他用人单位建立劳动关系，对完成本单位的工作任务造成严重影响，或者经用人单位提出，拒不改正的；

（五）因本法第二十六条第一款第一项规定的情形致使劳动合同无效的；

（六）被依法追究刑事责任的。

上述几种情况的劳动合同解除，均是因劳动者的过错造成的，所以用人单位在解除劳动合同时，不需提前通知，也无须向劳动者支付解除劳动合同的补偿金。

2.劳动者无过失而解除劳动合同

《劳动合同法》第四十条规定：

有下列情形之一的，用人单位提前三十日以书面形式通知劳动者本人或者额外支付劳动者一个月工资后，可以解除劳动合同：

（一）劳动者患病或非因工负伤，在规定的医疗期满后不能从事原来的工作，也不能从事由用人单位另行安排的工作的；

（二）劳动者不能胜任工作，经过培训或者调整工作岗位，仍不能胜任工作的；

（三）劳动合同订立时所依据的客观情况发生重大变化，致使劳动合同无法履行，经用人单位与劳动者协商，未能就变更劳动合同内容达成协议的。

另外，《劳动合同法》第四十一条规定：

有下列情形之一，需要裁减人员二十人以上或者裁减不足二十人但占企业职工总数百分之十以上的，用人单位提前三十日向工会或者全体职工说明情况，听取工会或者职工意见后，裁减人员方案经向劳动行政部门报告，可以裁减人员：

（一）依照企业破产法规定进行重整的；

（二）生产经营发生严重困难的；

（三）企业转产、重大技术革新或者经营方式调整，经变更劳动合同后，仍需裁减人员的；

（四）其他因劳动合同订立时所依据的客观经济情况发生重大变化，致使劳动合同无法履行的。

3.用人单位不得解除劳动合同的规定

对于劳动者无过失而解除劳动合同的情形，《劳动合同法》作了特别规定。

《劳动合同法》第四十二条规定：

劳动者有下列情形之一的，用人单位不得依照本法第四十条、第四十一条的规定解除劳动合同：

（一）从事接触职业病危害作业的劳动者未进行离岗前职业健康检查，或者疑似职业病病人在诊断或者医学观察期间的；

（二）在本单位患职业病或者因工负伤并被确认丧失或者部分丧失劳动能力的；

（三）患病或者非因工负伤，在规定的医疗期内的；

（四）女职工在孕期、产期、哺乳期的；

（五）在本单位连续工作满十五年，且距法定退休年龄不足五年的；

（六）法律、行政法规规定的其他情形。

四、劳动合同的终止

劳动合同的终止是指劳动合同的法律效力依法被终止，即劳动关系由于一定法律事实的出现而终结，劳动者与用人单位之间原有的权利义务不再存在。但是，劳动合同终止，原有的权利义务不再存在，并不是说劳动合同终止之前发生的权利义务关系泯灭，而是说合同终止之后，双方不再执行原劳动合同中约定的事项，如用人单位在合同终止前拖欠劳动者工资的，劳动合同终止后劳动者仍可依法向其提出支付工资的诉求。

（一）劳动合同终止与解除的区别

劳动合同终止与解除存在以下几方面的不同：第一，阶段不同。劳动合同终止是劳动合同关系的自然结束，而解除是劳动合同关系的提前结束。第二，结束劳动关系的条件有约定条件和法定条件之分，其具体内容不同。劳动合同终止的条件中，约定条件主要是合同期满的情形，而法定条件主要是劳动者和用人单位主体资格的泯灭。劳动合同解除的条件中，约定条件主要是协商一致解除劳动合同的情形，而法定条件是一些违法、违纪、违规等行为。第三，预见性不同。劳动合同终止一般是可以预见的，特别是劳动合同期满终止的，而劳动合同解除一般是不可预见的。

（二）劳动合同终止的条件

《劳动合同法》第四十四条规定：

有下列情形之一的，劳动合同终止：

（一）劳动合同期满的；

（二）劳动者开始依法享受基本养老保险待遇的；

（三）劳动者死亡，或者被人民法院宣告死亡或者宣告失踪的；

（四）用人单位被依法宣告破产的；

（五）用人单位被吊销营业执照、责令关闭、撤销或者用人单位决定提前解散的；

（六）法律、行政法规规定的其他情形。

五、无效劳动合同

无效劳动合同是指不受国家法律保护、对用人单位和劳动者双方均无约束力的劳动合同。无效劳动合同有两种形式：一是合同无效，即该合同自订立之日起对双方就没有法律约束力；二是合同部分条款无效，其中无效的条款不受国家法律保护，有效条款仍具有法律效力。

（一）劳动合同无效或者部分无效的确认条件

第一，"以欺诈、胁迫的手段或者乘人之危，使对方在违背真实意思的情况下订立或者变更劳动合同的"。"欺诈"指一方当事人故意告知对方当事人虚假的情况,或故意隐瞒真实情况,诱使对方当事人做出错误意思表示的行为;"胁迫"指以给对方当事人生命健康、荣誉、名誉、财产等造成损害为要挟,迫使对方做出违背真实意思表示的行为;"乘人之危"指一方当事人乘对方处于危难之机,为谋取不正当利益,迫使对方做出违背自己真实意愿的行为。例如,用人单位在强迫劳动者交纳巨额集资款、风险金、培训费、保证金、抵押金等情况下签订的劳动合同,用人单位虚假承诺优厚的工作条件签订的劳动合同,劳动者伪造学历、履历或者提供其他虚假情况签订的劳动合同,等等。

第二,"用人单位免除自己的法定责任、排除劳动者权利的"。实践中,很多劳动合同是由用人单位提供的格式合同,其中可能包括对劳动者合法权利限制的内容。例如,约定劳动者自行负责工伤、职业病,规定劳动者在合同期限内不准恋爱、结婚、生育等。

第三,"违反法律、行政法规强制性规定的"。主要有:一是主体资格不合法的劳动合同,如与童工签订的劳动合同、劳动合同期满后用人单位强迫劳动者续签的合同;二是内容不合法的劳动合同,如违反《中华人民共和国职业病防治法》和《中华人民共和国安全生产法》等法律、法规条款,以及试用期超过六个月、不购买社会保险、设定无偿或不对价的竞业限制条件等条款的劳动合同;三是损害社会和第三人合法利益的劳动合同,如双方恶意串通,以合法形式掩盖非法目的的合同等。这些合同均为无效合同。

对劳动合同无效或者部分无效有争议的,由劳动争议仲裁机构或者人民法院确认。

(二)劳动合同无效的法律后果

劳动合同无效的,劳动合同应该解除。劳动合同部分条款无效的,其他条款仍然有效。对无效劳动合同的处理,遵循"过错责任原则",即由有过错的一方承担责任,如果给对方造成损失,过错方还应负赔偿责任。具体包括以下三种情形。

1.劳动者无过错

即不是劳动者的过错导致劳动合同无效，而是其他客观或主观的原因。此种情形下，用人单位应该向劳动者支付经济补偿金，劳动者已付出劳动的，用人单位还应该向劳动者支付劳动报酬，其数额参照本单位相同或者相近岗位劳动者的劳动报酬。

2.用人单位的过错

用人单位的过错造成劳动合同无效的，用人单位应该按经济补偿金的两倍向劳动者支付赔偿金。对劳动者造成损害与损失的，按《违反〈劳动法〉有关劳动合同规定的赔偿办法》的规定补偿劳动者：

（一）造成劳动者工资收入损失的，按劳动者本人应得工资收入支付给劳动者，并加付应得工资收入25%的赔偿费用；

（二）造成劳动者劳动保护待遇损失的，应按国家规定补足劳动者的劳动保护津贴和用品；

（三）造成劳动者工伤、医疗待遇损失的，除按国家规定为劳动者提供工伤、医疗待遇外，还应支付劳动者相当于医疗费用25%的赔偿费用；

（四）造成女职工和未成年职工身体健康损害的，除按国家规定提供治疗期间的医疗待遇外，还应支付相当于其医疗费用25%的赔偿费用；

（五）劳动合同约定的其他赔偿费用。

3.劳动者的过错

劳动者的过错造成劳动合同无效的，用人单位可随时解除劳动合同，不必支付经济补偿金。劳动者给用人单位造成损失的，也应该按照《违反〈劳动法〉有关劳动合同规定的赔偿办法》的规定赔偿下列损失：

（一）用人单位招收录用其所支付的费用；

（二）用人单位为其支付的培训费用，双方另有约定的按约定办理；

（三）对生产、经营和工作造成的直接经济损失；

（四）劳动合同约定的其他赔偿费用。

除上面三种情形以外导致劳动合同无效的，可以依照当事人的过错大小以及造成的实际损失，由双方当事人协商，或者交由劳动争议仲裁机构和人民法院依法裁量。

第三节　劳动争议

一、劳动争议的含义

劳动关系的双方既相互依存，又充满矛盾。没有合格、积极的劳动者，任何用人单位都无法完成其使命；没有用人单位提供的工作机会，劳动者也无法施展自己的能力并从工作中得到回报。然而，劳动关系却更多地以争议的形式表现出来。较温和的形式是双方就利益分配、劳动条件等内容的争执；较激烈的形式则表现为剥削与反剥削、压迫与反压迫的斗争，如罢工、请愿、联合抵制等。

劳动争议就是劳动关系双方当事人之间因劳动的权利与义务发生分歧而引起的争议，又称劳动纠纷或劳资纠纷。劳动争议是现实中较为常见的纠纷，其中：有的属于既定权利的争议，即因适用劳动法律、法规和劳动合同、集体合同的既定内容而发生的争议；有的属于要求新的权利而出现的争议，是因制定或变更劳动条件而发生的争议。劳动争议的发生，不仅使正常的劳动关系得不到维护，还会使劳动者或用人单位的合法利益受到损害，不利于社会的稳定。因此，应当正确把握劳动争议的特点，积极预防劳动争议的发生，对已发生的劳动争议，应当依法妥善处理。

劳动争议的当事人是指劳动关系双方当事人——劳动者和用人单位，即劳动关系中权利的享有者和义务的承担者。劳动争议的范围，在不同的国家有不同的规定。根据《中华人民共和国劳动争议调解仲裁法》的规定，劳动争议的范围包括：

（一）因确认劳动关系发生的争议；

（二）因订立、履行、变更、解除和终止劳动合同发生的争议；

（三）因除名、辞退和辞职、离职发生的争议；

（四）因工作时间、休息休假、社会保险、福利、培训以及劳动保护发生的争议；

（五）因劳动报酬、工伤医疗费、经济补偿或者赔偿金等发生的争议；

（六）法律、法规规定的其他劳动争议。

二、劳动争议的分类

劳动争议根据不同的标准，可以有不同的分类，具体如下：

第一，按照劳动争议当事人人数多少的不同，可分为个人劳动争议和集体劳动争议。个人劳动争议是劳动者个人与用人单位发生的劳动争议；集体劳动争议是指劳动者一方当事人在三人以上，且有共同理由的劳动争议。

第二，按照劳动争议的内容，可分为因履行劳动合同发生的争议，因履行集体合同发生的争议，因企业开除、除名、辞退职工和职工辞职、自动离职发生的争议，因执行国家有关工作时间和休息休假、工资、保险、福利、培训、劳动保护的规定发生的争议等。

第三，按照当事人国籍的不同，可分为国内劳动争议与涉外劳动争议。国内劳动争议是指我国的用人单位与具有我国国籍的劳动者之间发生的劳动争议；涉外劳动争议是指具有涉外因素的劳动争议，包括我国在国（境）外设立的机构与我国派往该机构的工作人员之间发生的劳动争议、外商投资的用人单位与劳动者之间发生的劳动争议等。

三、劳动争议的特征

第一,劳动争议是劳动关系双方当事人之间的争议。劳动关系双方当事人,一方为劳动者,另一方为用人单位。劳动者主要是指与在中国境内的企业、个体经济组织建立劳动关系的职工,与国家机关、事业组织、社会团体建立劳动关系的职工。用人单位是指在中国境内的企业、个体经济组织以及国家机关、事业组织、社会团体等与劳动者订立了劳动合同的单位。如果争议不是发生在劳动关系双方当事人之间,即使争议内容涉及劳动问题,也不构成劳动争议。如劳动者之间在劳动过程中发生的争议,用人单位之间因劳动力流动发生的争议,劳动者或用人单位与劳动行政部门在劳动行政管理中发生的争议,劳动者或用人单位与劳动服务主体在劳动服务过程中发生的争议等,都不属于劳动争议。

第二,劳动争议的内容涉及劳动权利和劳动义务,是为实现劳动关系而产生的争议。劳动关系是劳动权利和劳动义务关系,如果劳动者与用人单位之间不是为了实现劳动权利和劳动义务关系发生的争议,就不属于劳动争议的范畴。劳动权利和劳动义务的内容非常广泛,包括就业、工资、工时、劳动保护、劳动保险、劳动福利、职业培训、民主管理、奖励、惩罚等。

第二,劳动争议既可以表现为非对抗性矛盾,也可以表现为对抗性矛盾,而且两者在一定条件下可以相互转化。在一般情况下,劳动争议表现为非对抗性矛盾,这会给社会和经济带来不利影响。

四、劳动争议处理的程序

（一）劳动争议调解

劳动争议调解委员会按照下面的步骤对劳动争议进行调解。

1. 申请

劳动争议的当事人应当自其权利在受到侵害之日起 30 日内以口头或书面的形式向劳动争议调解委员会提出申请。

2. 受理

劳动争议调解委员会在收到调解申请后，应征询对方当事人的意见，对方当事人不愿意调解的，应做好记录，在 3 日内以书面形式通知申请人。劳动争议调解委员会应在 4 日内做出受理或不受理申请的决定，对不受理的，应向申请人说明理由。

3. 调查

劳动争议调解委员会指派人员对劳动争议进行深入的调查研究，掌握一手资料，弄清争议的原因。

4. 调解

在掌握了具体情况之后，劳动争议调解委员会应及时召开调解会议，对双方当事人的劳动争议进行调解。经调解，双方当事人达成协议的，制作调解协议书，双方当事人应自觉履行；调解不成功的，即制作调解意见书，供仲裁机构或人民法院参考。

（二）劳动争议仲裁

仲裁也称公断，是一个公正的第三者对双方当事人之间的争议做出评断。根据《中华人民共和国劳动法》的规定，劳动争议案件经劳动争议仲裁委员会仲裁是提起诉讼的必经程序。劳动争议仲裁委员会逾期不作出仲裁裁决或者作出不予受理的决定,当事人不服向人民法院提起行政诉讼的,人民法院不予受理;当事人若不服劳动争议仲裁委员会做出的劳动争议仲裁裁决,可以向人民法院提起民事诉讼。

(三)劳动争议诉讼

劳动争议诉讼是人民法院按照民事诉讼程序,以劳动法规为依据,按照劳动争议案件进行审理的活动。劳动争议当事人对发生法律效力的调解书、裁决书,应当依照规定的期限履行。一方当事人逾期不履行的,另一方当事人可以依照民事诉讼法的有关规定向人民法院申请执行。受理申请的人民法院应当依法执行。

第四节 工作压力管理与员工援助计划

一、工作压力管理

(一)工作压力的概念

心理学把压力看作个体对外界刺激的反应过程,包括对威胁的感知和相应的身心反应。紧张则是压力导致的消极后果之一,即对压力无效应对而导致的消极影响,如自我评价降低、肌肉紧张、血压升高、心不在焉、工作绩效降低等。因此,压力与紧张是既相互联系又有区别的两个概念,压力是紧张产生的心理条件,而紧张是压力导致的后果。为人们普遍认可的工作压力的定义至今尚未形成，人们通常以下面三种模式来解释压力的含义。

1.以反应为基础的模式

人面临压力的反应包含以下三个阶段。①报警反应阶段。当压力第一次产生时，身体调动它的生理保护机制，反抗压力。这是一种高度活跃的状态，反应能量达到了它的活动极限。②抵抗阶段。在这个阶段，身体转向活动的正常水平并且阻抗继续增加。③消耗阶段。在该阶段，适应能力（能量）消失，症状重新出现，并导致更严重的后果。

2.以刺激为基础的模式

该模式重点关注压力刺激的实质，关注压力的来源是什么。一般来说，工作中的压力来源主要有以下几个：①工作本身，包括工作太多或太少以及太复杂、时间压力等；②组织中的角色，包括角色模糊和角色冲突、对人或对事负有责任等；③职业发展，包括提升过快、提升不足、社会地位较低、缺乏职业保障等；④组织结构与气候，包括在决策中缺乏参与、领导对工作限制太多以及干涉人际交往等；⑤组织中的人际关系，包括与上级、同事相处是否融洽，工作是否经常获得支持等。

3.交互作用模式

这种模式以上述两种模式为基础，以个人动机和应对压力的能力作为补充。个人紧张感的产生，除压力源之外，还必须满足以下两个条件：一是个人感觉到外界对自己需要和动机的威胁，二是自己不能对压力源进行有效应对。

（二）压力的来源与影响因素

尽管不同的人对压力有不同的感受，但潜在的工作压力还是有规律可循的。影响工作压力的因素包括环境因素、组织因素和个人因素。

1.环境因素

环境的不确定性不仅会影响组织结构的设计，也会影响组织中员工的压力水平。它包括经济的不确定性、政治的不确定性和技术的不确定性。商业周期的变化会造成经济的不确定性。经济萧条会伴随劳动力减少、解雇人数增多、薪水下调等后果，人们会因需要保障生活而备感压力。在政治体制相对不稳定的国家，人民会有较大的压力。技术的不确定性是使人们感到压力的第三类环境因素。新的技术革新会使一名员工的技术和经验在短时间内过时，如计算机、自动化、机器人及其他形式的技术创新会威胁到许多人，使他们产生压力和紧迫感。

2.组织因素

组织内有许多因素会引起压力，如角色模糊、角色冲突、任务超载、任务欠载、人际关系、企业文化、工作条件等都会给员工带来压力。有些因素可以加以控制，有些则不然。

（1）角色模糊

当员工不理解工作内容时就会产生角色模糊，因此必须让员工了解工作的主体、范围和责任。随着企业合并和兼并活动的增加，越来越多的员工不能确定是否履行了主管期望的职责，或者所完成的任务是否是别人工作的一部分，从而觉得紧张和不安。这是角色模糊造成的，员工会由此感到工作的压力。

（2）角色冲突

当某个人不得不完成完全相反的目标时会发生角色冲突。例如，要求一位经理增加产量，却又必须裁减劳动力，同时达到这两个目标是很困难的，于是就会产生压力。

（3）任务超载

员工由于必须对太多人的任务期望作出反应而感到有压力。当分配给员工超出其能力所及的工作时，他们会成为超负荷工作的承受者。当员工在一定期限内被要求做很多事时，会感到焦虑，也会有压力，随着时间的推移，这种情况会逐渐严重，甚至会导致员工精力衰竭。

（4）任务欠载

对某些工作或某些员工来说，压力来自欠载。任务欠载是指员工的工作太少或工作单调的状况。商店无人光顾,售货员整天站着无所事事,这就可以称为任务欠载。任务欠载会产生与任务超载同样的问题,如使员工产生惰性、产生体力和精神上的厌倦和疲劳,甚至使员工即使在空闲时间,对社会活动和体育活动也全无兴趣。

(5)人际关系

产生工作压力的另一个重要根源是人与人(包括上级、下属、同事或客户)之间的关系。如果员工缺乏同事的支持,与同事关系紧张,会使员工产生相当大的压力。此外,公司有关升职、加薪等带来的竞争也会使员工的人际关系紧张。当员工与同事或领导的关系处于一种不良状态时,往往会给员工带来较大的压力。

(6)企业文化

通常来说,企业文化和压力也是密切相关的,组织的不良气氛可能会使员工产生压力。当一个组织的日常生活笼罩着敌对、疏远或者不友好的气氛时,员工会终日感觉紧张,相互之间不信任,不愿意相互支持,并且缺少解决问题的协作精神。这时,企业高层领导者的领导风格对这种气氛的改善起着决定性作用。

(7)工作条件

工作条件和环境不好时,会使员工焦虑感增强。比如,一台常出故障的复印机,在日常使用中并无大碍,但是在一份重要报告必须迅速复印出来,并且要在第一时间交到领导手里时,它往往会使相关人员产生压力。

3.个人因素

员工私人时间内的经历及所遇到的各种问题,往往会对其日常工作有显著影响。如果员工的个人生活问题处理得当,情绪总是乐观向上的,往往能精力充沛地、耐心地处理工作问题;反之,如果员工的个人生活问题处理不当,往往会紧张、易怒和暴躁,无法很好地处理工作中的问题。总而言之,个人因素会影响员工的工作压力水平。这些因素主要涉及家庭问题、经济问题、生活条件和员工个性特点等。

（三）工作压力产生的后果

工作压力对员工个体与组织效能的影响既有积极的一面，也有消极的一面，问题的关键在于压力是否在员工应对能力的范围之内。在工作压力过低的情况下，个体动机唤起不足，甚至容易产生厌烦情绪，个体与组织效能只能保持在较低的水平。随着压力的增加，个体能积极调动自身的积极性，提高工作绩效。当压力超过某一特定水平时，由于个体动机水平唤起过高，个体处于焦虑状态，工作效率会下降，并产生一系列身心和行为的紧张症状。

1.工作压力的积极作用

适度的压力可以使人集中注意力，提高忍受力，增强机体活力，减少错误的发生。压力可以说是机体对外界的一种调节的需要，而调节则往往意味着成长。当员工在压力情境下不断学会新的应对办法，就可以使其应对能力不断提高、工作效率不断上升。简而言之，压力是提高人的动机水平的有效工具。组织可以通过设计有挑战性的目标、激发员工的成就动机等手段，给员工以一定程度的心理压力，使其动机得以激发，从而更好地完成工作。

2.工作压力的消极作用

相对来说，人们对工作压力消极作用的研究更为广泛。一般认为，过度的工作压力所造成的紧张症状可分为三种类型，即生理症状、心理症状和行为症状。

（1）生理症状

过度的工作压力会使人的新陈代谢紊乱，出现心率、呼吸频率加快，血压升高，头疼等症状。另外，过度的工作压力也是溃疡、关节炎等疾病的诱因。

（2）心理症状

对工作不满意可以说是过度工作压力"最简单、最明显的心理影响后果"。有关研究表明，当个人工作过多且过于单调，工作反馈机制不健全，对工作缺乏控制感，又常伴随角色模糊及角色冲突时，员工的压力会有所增加，工作投入程度也会随之降低。

（3）行为症状

行为症状包括生产效率下降、缺勤、离职、饮食习惯的改变、吸烟、嗜酒、烦躁、睡眠失调等。压力对个人的工作绩效、决策等行为也会产生不利影响。当人们感到压力增大时，就会倾向于拖延和回避决策，出现注意力不集中、忽视重要信息等情况。

（四）工作压力的管理

工作压力不仅关系到员工的身心健康，而且对个人和组织的工作绩效有着很大的影响。因此，对压力的有效应对与管理是企业人力资源管理者应予以关注的重点。总的来说，工作压力的应对与管理可以从个体与组织两个角度来考虑。

1.个体压力管理的主要策略

从个体角度来看，可以从压力的压力源、反应及个性三方面来进行管理。

（1）压力源

从个体角度对压力源进行应对和管理主要是从个人对工作环境的管理和生活方式的管理两个方面着手。

个体对生活方式的管理着眼于自身生活习惯，使自己学会有规律、有效率地生活，从而减轻工作压力的影响。例如，体育锻炼，可以使身体健壮、精力充沛，应对压力的能力增强，减少或消除一些压力对生理的影响。体育锻炼要有规律、持之以恒，还要以适量和娱乐性为原则，我国一些古老的养生、健身方式，如气功、太极拳等都是较好的锻炼形式。

很多人不善于管理自己的时间，如果他们能恰当地安排好工作时间，那么就可以在既定的时间段内完成任务。工作按部就班、井然有序，就能够比无序者更加高效地完成工作任务。因此，员工理解并学会遵循时间管理原则，有助于自身更好地应对工作带来的压力。

（2）压力反应

个体对压力反应的管理可以从生理、情感及认知三个方面着手。

压力生理反应的消除，主要是通过一系列的心理训练，使个体学会控制自己的生理反应，从而消除或减轻紧张情绪。这种心理训练方法有多种，如放松训练、生物反馈训练等。

寻求社会支持是个体应对压力情感反应的一个有效手段。当个体受到压力威胁时，他人的帮助和支持有助于其恢复信心。这种支持和帮助表现为与个体一起讨论目前压力的情境，帮助个体确立更现实的目标，并指出个体不曾发现的情境中的一些积极特征，这对缓解个体压力和紧张情绪是非常有必要的。

对压力认知评价的不同直接影响紧张是否产生以及以后的发展。认知评价反映了一个人对压力或情境的总体评价，这是压力管理的一个重要组成部分。

（3）个性

个性导向是通过改变某些容易产生压力的个性因素，从而缓解压力，建立员工的内部控制源和自我效能感。这可以改变个体对压力的感知和应对方式，从而降低紧张反应产生的可能性和激烈程度。

2. 组织压力管理策略

从组织角度来看，压力管理主要是为被管理者营造一个能充分调动其积极性的适度压力的工作环境，避免其因紧张而产生过度压力。管理者可以从工作任务和角色以及生理和人际关系等方面满足员工的各种需求，从而帮助员工消除紧张情绪，提高工作绩效。

（1）工作任务和角色需求

这主要是从工作本身和组织结构入手，促进任务、角色的清晰化和丰富化，增强工作自身的激励因素，以此激发员工的内在工作动机，提高工作满意度，从而减少压力及紧张产生的机会。具体策略如下。

第一，控制组织气氛。组织产生压力的一个因素是有计划的变革，因此组织应提供足够的支持、帮助员工适应变化，帮助员工接受变革。例如，允许员工参与工作实践或组织结构变革的决策过程，允许他们表达观点和提出申诉，这样就能有效地防止或减少压力的产生。

第二，提供控制机会。使员工相信自己对工作能够有所控制会极大减轻压力的影响。组织可以通过拓展工作内容为员工提供更多的决策权，这样能增强员工的控制感。

第三，提供社会支持。研究表明，社会支持网络能缓解个体承受压力的不利影响，组织可以通过建立团结的工作群体和培训机制来增强社会支持。

第四，强化组织沟通。加强与员工正式的组织沟通，有助于减少角色模糊和角色冲突，从而减少不确定性。尽管在压力源与员工反应这对关系中，员工的个人认知是一个重要的中介变量，但管理者可以运用有效的沟通来改变员工的认知。员工所认知到的各种任务、威胁和机会等，都是他们对现实的一种诠释，而管理者完全可以通过与员工的沟通来影响甚至改变员工的认知。

第五，合理设定目标。当员工的目标比较具体且富有挑战性时，员工往往会做得更好。合理的目标可以减轻员工的工作压力，增强员工的工作动力。如果目标比较具体，而且员工又认为是可以达到的，就有助于降低员工工作绩效的不确定性。这样，能够相应地减轻员工的受挫感和角色模糊感。

第六，工作再设计。参与组织工作的重新设计是提高员工参与决策水平的重要途径。重新设计工作可以给员工带来更多的责任、更大的自主性和更强的反馈，这样有助于减轻员工的压力。这是因为重新设计所带来的责任、自主性和反馈使员工对工作活动有了更强的控制力，并降低了对他人的依赖。

（2）生理和人际关系需求

这主要是为员工创造良好的生理和心理环境，满足员工在工作中的身心需求，以提高员工工作的积极性，减轻压力，具体措施如下。

第一，实行弹性工作时间制。这种制度允许员工在特定的时间段内，自主决定上班时间。一般在每天的工作时间内，有一个共同的核心工作时间段，通常是 6 小时，其两端是弹性工作时间段。在核心工作时间内，所有员工都上岗到位，但在弹性时间段内员工则可以自主决定自己的时间安排，员工可以选择将另外两小时累加到核心工作时间之前或之后。弹性工作时间制有利于降低缺勤率，提高生产率，减少加班费用的开支，减轻员工对管理人员的敌意，从而增加员工对工作的满意度，减少压力的产生。

第二，参与管理。由于员工会在工作目标、工作预期、上级对自己的评价等方面产生不确定感，而这些方面又会影响员工的工作绩效。因此，如果管理人员让员工参与这方面的决策，就能够增强员工的控制感，帮助员工减轻角色压力。

第三，放松训练。19 世纪 30 年代早期，放松训练作为一种减压方式逐渐兴起。该方式通过引导病人将注意力集中于身体的某一部位，然后转移到其他部位，系统地放松肌肉，以此缓解压力。这种训练可以帮助员工达到深度放松。

二、员工援助计划

（一）员工援助计划的含义

员工援助计划（employee assistance program, EAP）是由组织（如企业、政府部门等）向所有员工及其家属提供的一项免费的、专业的、系统的和长期的咨询服务计划。在这项计划中，专业人员将协助企业尤其是人力资源管理部门，诊断企业、团队和个体存在的问题，为员工提供培训、指导及咨询服务，及时处理和解决他们所面临的各种与工作相关的心理和行为问题，以达到提高员工工作绩效、改善组织管理和建立良好组织文化等目的。

EAP 的对象：所有员工及其家属。

EAP 的目标：提高员工的工作、生活质量，从而达到其终极目标——提高组织的工作绩效和促进员工的个人成长。

EAP 的实质：提供组织层面的心理咨询服务。

（二）EAP 的分类

1. 长期 EAP 和短期 EAP

根据实施时间的长短，可分为长期 EAP 和短期 EAP。

（1）长期 EAP

长期 EAP 的实施时间是数月或更长时间。由于 EAP 具有系统性的特点，因此应该有计划地持续进行。

（2）短期 EAP

短期 EAP 更多的是应急性的，比如在企业合并的过程中，为了解决因企业文化冲突、角色变化或模糊、工作重构等导致的员工心理问题，这时短期 EAP 能帮助组织顺利度过这个特殊阶段。

2. 内部 EAP 和外部 EAP

根据服务提供者，可分为内部 EAP 和外部 EAP。

（1）内部 EAP

内部 EAP 是在企业内部，配置专门机构或人员，为员工提供服务。大型和成熟的企业会建立内部 EAP，而且由企业内部机构和人员加以实施。内部 EAP 机构和人员更了解企业及员工的情况，因而能及时发现和解决问题。

（2）外部 EAP

外部 EAP 由专业的 EAP 服务机构操作，企业需要与服务机构签订合同，并安排 1~2 名 EAP 专员负责联络和配合服务机构的工作。

一般而言，内部 EAP 比外部 EAP 更节省成本，但由于员工的心理敏感和保密需求，对内部 EAP 的信任程度可能不如外部 EAP。专业 EAP 服务机构往往有着广泛的服务网络，能够为全国甚至全世界的企业提供服务，这是内部 EAP 难以实现的。所以，在实践中，内部 EAP 和外部 EAP 往往结合使用。

此外，在没有实施经验以及专业机构的指导及帮助下，企业想马上建立内部EAP会很困难，所以绝大多数企业都是先实施外部EAP，然后逐步建立起内部长期EAP机制的。

（三）EAP的意义

EAP的直接目的在于维护和改善员工的职业心理健康状况，从而提高组织绩效。国外有研究表明，组织每投入1美元在EAP上，可节省5～16美元的运营成本。具体而言，EAP的意义体现在个体和组织两个层面。

在个体层面，EAP可以提高员工的工作和生活质量，具体包括提高员工的身心健康水平，促进员工心理成熟，增强员工心理压力承受能力，提高员工的工作积极性，提高员工的工作绩效，改善员工的生活质量，改善员工的人际关系。

在组织层面，EAP可以降低成本，增加收益，节省招聘和培训费用，减少人员流失，提高出勤率，降低管理成本，提高员工满意度，改善组织文化，改善组织形象，提高组织工作效率。

（四）EAP的操作流程

根据EAP的内容和要求，可将EAP的实施分成六个阶段。

1.问题诊断阶段

目的：了解问题的现状及原因，从而为有针对性地提出科学有效的员工援助计划做准备。

主要关注的层面：组织层面、团队层面和个体层面。

方法：观察法、访谈法、问卷调查法和文献法。

2.方案设计阶段

以书面形式确立EAP在企业活动中的地位和意义。

根据前一阶段所发现的问题确定此次服务的主要目标，细化这些目标，并向相关人员公布。

根据此次服务的目的制订具体的、具有可操作性的实施计划，同时建立畅通无阻、反应迅速的服务渠道。

在此阶段，我们还需要确保咨询资源（如人员和设施配备等）充足，参与人员的专业素质过硬，并在服务目标和操作计划敲定后，向每个参与 EAP 的工作人员说明其各自的职责及工作程序。

3.宣传推广阶段

（1）管理者层面

针对管理者开展的宣传推广活动主要是为了获得上级领导的支持和理解，以保证活动的顺利实施。

（2）一般员工层面

针对一般员工开展宣传推广活动的目的是在员工和咨询人员之间建立良好的互相信任的关系，提高员工对服务的认可度。在企业中开展 EAP，这是相当重要的一个环节。为了使 EAP 发挥最大作用，帮助员工解决个人问题，我们必须重视建立信任关系的意义，让员工意识到这项组织提供的免费福利将有助于其个人问题的解决及心理成长。

4.教育培训阶段

（1）管理者培训

管理者培训的目的是使管理者了解和掌握一定的心理知识和心理咨询技巧，以便在工作环境中发现、甄别、解决和预防员工的心理问题。

（2）员工培训

员工培训主要是讲授基本心理知识和自我管理技巧（如情绪管理、压力管理和实践管理等），帮助员工了解自我，排解压力，消除困惑。可以采用多种方法进行培训，如专题讲座、团体辅导等。

5.咨询辅导阶段

这一阶段与教育培训阶段的不同之处在于教育培训阶段如同给本科生上课，通常都是普及性的，偏重传授基础性的知识，培训面对的对象也比较多；

而咨询辅导阶段则如同给研究生上课，它着重针对个别员工的特殊问题进行心理辅导。无论是在教育培训阶段还是咨询辅导阶段，咨询人员都要敏锐观察工作、生活、环境的变化对员工心理的影响，及时对 EAP 的目标和手段进行合理调整，以适应组织和员工的需求。另外，还要注意保持并不断提高咨询人员的专业知识和技能，以提高他们解决问题的能力。

6.项目评估和结果反馈阶段

及时、科学地进行项目评估和结果反馈，有助于提高企业 EAP 工作的质量，进而总结经验、教训，不断改进工作。

第六章 人社局对事业单位的人力资源管理——以L区人社局为例

第一节 L区人社局对事业单位人力资源的管理

一、L区事业单位概况

L区总面积为506.8平方公里，自然环境优美。其作为大连市主城区的重要组成部分和辽宁沿海经济带的重要窗口，拥有深厚的文化底蕴和坚实的经济基础。L区下辖9个街道，1个经济开发区，全区常住人口为35万人。近年来，L区发挥规划引领作用，充分挖掘自身优势，鼓励发展新业态新模式，不断完善功能性基础设施建设，服务业多点突破，将民生保障落到实处。

根据《中共中央办公厅 国务院办公厅关于印发〈辽宁省人民政府机构改革方案〉的通知》文件指导精神，L区在2018年出台《L区区属公益性事业单位优化整合方案》，大力推进本地区事业单位机构改革工作。截至2022年，L区有事业单位机构68个，有正县（处）级单位11个，副县（处）级单位1个，正乡（科）级单位9个，其他级别单位47个。其中，区政府直属事业单位有13个，由行政机关主管执法类事业单位有5个，由区卫生健康局主管医疗卫生类事业单位有13个，由区教育局主管教育类事业单位有37个。

根据L区人社局2022年工作统计数据，L区事业单位编制为4 915名，实有人员总数为4 394人，空编数为521名。人员总体男女比例为4∶6。

（一）人员类别结构

从人员类别结构上看，L区事业单位有专业技术人员3 174人，占比72.23%，为主要构成类别；管理人员931人，占比21.19%；工勤技能人员289人，占比6.58%。

（二）人员年龄结构

从人员年龄结构上看，L区事业单位30岁及以下人员占比6.21%，31～35岁人员占比10.98%，36～40岁人员占比15.12%，41～45岁人员占比16.73%，46～50岁人员占比21.72%，51岁及以上人员占比29.24%。

（三）人员学历结构

在人员学历结构方面，L区事业单位全日制中专、高中及以下学历人员占比42.06%，全日制大专学历人员占比17.89%，全日制本科学历人员占比32.34%，全日制研究生学历人员占比7.71%。

（四）人员层次结构

L区事业单位工作人员层次结构总体呈现中间大、两头小的"橄榄形"结构。

（五）人员任职年限

L 区事业单位工作人员在同一岗位上任职年限情况：管理岗位中，同一岗位上任职年限超过十年人员占比 20.41%；专业技术岗位中，同一岗位上任职年限超过十年人员占比 30.18%。

（六）人员退休情况

近年来，L 区事业单位退休人数年均 158 人，退休情况波动不大，趋势基本稳定。按照事业单位现行退休政策，根据 L 区现有人员性别及年龄情况预算，在未来十年内，L 区事业单位将有 42% 的工作人员面临退休。

二、L 区人社局对事业单位人力资源的管理

（一）工作职责

L 区人社局负责贯彻落实中央、省委和市委关于人力资源和社会保障工作的方针政策和决策部署，有办公室、行政审批科、社会保障科和事业单位人事管理科 4 个内设机构，设行政编制 16 名，局领导编制 4 名。该局在事业单位人力资源管理方面的工作职责主要包括：

第一，拟订与实施事业单位人事制度改革方案及相关措施，组织事业单位岗位管理、人员聘用管理、公开招聘和人力资源配置工作，负责人员考核、培训、特殊人员安置等工作，贯彻执行国家和省市职称制度改革的政策，对专业技术资格评审以及考试进行监督指导。

第二，根据国家及省、市政策，贯彻落实事业单位工作人员的薪酬以及工时、假期、抚恤等相关福利待遇政策，协助指导事业单位的分配制度改革工作。

对本区事业单位人员的工资福利及退休等工作进行综合管理，同时配合上级部门统计、调查本区事业单位人员的工资收入水平等方面情况。落实国家荣誉制度，规范本区表彰奖励项目以及承办本区的表彰奖励活动。

第三，贯彻与落实有关人才政策，对区内人才进行综合管理，会同相关部门拟定全区人才发展规划，组织实施全区高层次人才和急需紧缺人才引进项目，拟订吸引高层次人才、区域人才开发交流与合作工作规划。

（二）管理机制

L区的事业单位人力资源管理机制包含人社局统筹管理、行政主管部门直接管理以及事业单位内部日常管理三个层面，各部门协同合作，共同完成事业单位人力资源管理任务，实现对事业单位人力资源管理的有效把控。人社局推进区域整体人力资源发展规划，统筹调配区内事业单位人力资源，监督指导区内各事业单位贯彻落实各类人事管理政策，压实各方责任，凝聚工作合力。事业单位主管部门配合人社局，协调解决人力资源管理过程中的重大问题与重要事项，指导与组织所属事业单位开展人力资源管理工作。各事业单位认真落实上级部门系列工作部署，履行人力资源管理职责。

（三）管理成效

1.人才信息库初步建立

L区侧重于不断完善人才供给结构来推进高质量人力资源管理，完成了事业单位人才信息库的建立工作。L区人社局对各事业单位人才信息进行摸底统计并汇总，将各种人才信息统筹管理。事业单位在职人员基本信息统计内容包含单位，规格，编制数，实有人数，科室，人员经费形式，性别，年龄，全日制最高学历学位、毕业院校专业和毕业时间，在职最高学历学位、毕业院校专业和毕业时间，参加工作时间，进入本部门时间，现工作岗位及职务，岗位类别等级、任现岗位时间、现岗位等级首次聘用时间、具有的专业技术资格、受处分情况、病休情况。

2. 工资待遇规范管理

L区人社局对事业单位工作人员的工资待遇统筹规范管理，人员实行统一的岗位绩效工资制度，工资待遇都须经审批后执行。L区人社局每年按期开展以年度考核结果为依据的薪级工资调整工作，按照政策规定的工资处理办法严格落实新录用、调转、退休以及受惩处等情况人员的工资待遇审批。L区人社局按照辽宁省机关事业单位退休人员领取养老金的办法和程序对退休人员待遇进行审核办理。

3. 岗位设置与聘用统筹部署

L区人社局根据有关政策规定并结合L区现有事业单位实际情况，制定了《2021年L区事业单位岗位设置和岗位聘用工作指导意见》，对岗位设置与岗位聘用的总体原则、工作程序和人员条件都做出了具体明确的规定。L区人社局通过组织召开学习工作会，对各事业单位人事管理人员宣讲工作原则及注意事项，全程指导并监督各事业单位严格按照政策规定落实开展工作等一系列措施，统筹部署、有序推进岗位设置与聘用工作，并全力做好服务保障。优化事业单位岗位设置，规范事业单位岗位聘用在吸引、培养、使用和激励人才工作方面发挥重要作用，是L区事业单位人力资源结构调整和长远规划的重要举措。

4. 考核与奖励工作定期开展

L区事业单位工作人员年度考核与定期奖励工作的开展按照L区人社局《关于做好2022年L区事业单位工作人员和机关工勤人员年度考核和定期奖励工作的通知》（以下简称《通知》）执行。《通知》将年度考核分为优秀、合格、基本合格、不合格四个等次。同时，对病假、事假，以及外出学习（培训）工作人员、初次就业的事业单位工作人员、军队转业干部和退伍军人、离岗创业人员、受政纪处分人员的考核问题都有明确的执行办法。

三、访谈情况分析

（一）访谈对象

为全面了解 L 区人社局对事业单位人力资源的管理情况，笔者有针对性地选取几类访谈对象，包括 L 区人社局负责事业单位管理的人员 5 名，L 区部分事业单位的领导 8 人、人事管理人员 10 人及其他工作人员 17 人，共计 40 人。将访谈对象的基本情况汇总，包含性别、年龄、学历以及在机关（事业）单位任职年限等信息。

（二）访谈目的

L 区人社局对事业单位的人力资源管理取得了一定的成效，但在管理过程中仍存在一些现实问题亟待解决，管理质量和效率仍有待提升。为了更全面深入地了解 L 区人社局对事业单位人力资源管理过程中存在的具体问题，笔者采用访谈法，根据被访谈者的实际情况及访谈便利程度，将直接访谈和间接访谈相结合，借助于面对面交流和电话网络媒介沟通的方式，以访谈提纲为逻辑主线，与被访谈者进行探究式交流，在访谈过程中结合访谈实际情况进行半开放式沟通，抛出相关问题引发思考，深入挖掘被访者观点。

（三）问题设计

为探究访谈对象关于 L 区人社局对事业单位人力资源管理方面的看法与建议，笔者针对不同的访谈对象设计访谈提纲。针对包括 L 区人社局负责事业单位管理的人员，以及事业单位领导的访谈问题，主要围绕对当前事业单位的人事管理制度、事业单位人员、事业单位需求和发展方向，以及提升人力资源管理效果的建议等方面展开；针对 L 区事业单位的人事管理人员及其他工作人员的访谈问题，主要围绕了解人员对当前任职岗位及管理制度的看法，个人职业生涯规划与需求，对培训、评价和奖励等方面的见解，人力资源管理专业背景和知识掌握情况，对本区事业单位人力资源管理方面其他的具体建议等内容展开。通过与被访谈者深入交流，充分了解情况，分析当前 L 区人社局在管理事业单位人力资源的过程中存在的问题，剖析其背后原因，以期能提出合理建议，来优化 L 区人社局对事业单位的人力资源管理。

（四）访谈结果

被访谈者就自身工作实践中接触到的关于事业单位人力资源管理的具体问题表达了不同看法，并提出了有益建议。整理总结访谈记录，将访谈调查反馈的观点大概归纳如下：从管理者的角度来看，当前 L 区人社局对事业单位人力资源的管理仍存在一些问题，具体为事业单位人才队伍结构不够合理，人才配置科学性不够，人力资源管理手段滞后等。

第二节 L 区人社局可借鉴的国内先进经验

一、四川省探索优化事业单位公开招聘政策

第一，提出针对特定区域情况和群体的专项招聘方式。民族地区和乡镇事业单位可拿出一定的岗位面向大学生村官、西部志愿者、特岗教师、退役士兵、随军家属、残疾人进行专项招聘；涉及国家、省重大改革事项的，经研究同意

后可实施专项招聘；公开招聘的范围在符合国家规定的基础上，可结合本省实际情况进行限定。

第二，发布关于事业单位招聘条件的指导原则和实施意见，确保招聘岗位条件设置科学合理。招聘岗位条件不得具有歧视性，不得设置与岗位无关的条件，要体现公开招聘、公平竞争的原则。同时，规定民族地区和乡镇事业单位在招聘工作人员时，学历要求可适当放宽，从而增加部分吸引力不足岗位的招聘优势，提高这类岗位公开招聘的成功率。

第三，采用差异化、有针对性的选人方式。根据不同地区、行业、岗位对人才要求的差异性，采取不同的考试、考核等方式择优聘用，面试形式可包括现场答辩、情景模拟、试讲说课、实际操作等。要对采取考核招聘的人员资格条件作出明确、具体的规定，考核招聘具体方式由事业单位或主管部门根据人才需求、岗位特点等确定，招聘环节可适当简化。

二、上海市杨浦区开展事业单位"三定"深化改革

杨浦区位于上海中心城区东北部，该区经济实力强且行政效率高，在事业单位人力资源管理方面经验丰富。

杨浦区积极开展事业单位"三定"工作，以编制配备为抓手，优化机构设置和职能配置：

在编制配备上，一方面加大区域内事业编制总盘子内的统筹调配力度，将统筹调剂出来的事业编制优先配备到重点保障领域；另一方面定期梳理分析全区编制总体情况，及时回收建制撤销、机构整合、在编人员退休等释放出来的事业编制。

在机构设置方面，重在盘活机构资源，分层分类优化事业单位机构布局，使机构设置更加科学合理。一是积极开展规模过小、职能相近、职能分散事业单位的撤并工作；二是在区级层面推动各系统内事业单位的机构重组，在单位

层面压缩综合管理机构,科学设置业务机构。在职能配置方面,进一步明确职能定位,细化职责分解,推动事业单位与其主管部门之间建立合法、合理的政事分工关系,避免单位内部出现职责空转、职责交叉、职责零散等问题。

三、广东省佛山市南海区事业单位工作人员激励与退出机制

广东省佛山市南海区作为改革开放先行区,不仅在城区经济建设方面取得佳绩,在事业单位管理方面也取得了积极成效。为全面提升事业单位工作人员的主动性,加快落实事业单位人事制度改革,广东省佛山市南海区制定了事业单位工作人员激励与退出试行办法。

在激励机制方面,对工作表现突出的管理人员给出具体职级晋升方案,同时也规定人员晋升必须得到超过 80% 同意票的民主测评;对同时聘用在单位正、副领导职务的专业技术人员,以不占单位专业技术职务聘用比例、待遇就高的办法对待。政策的制定既要有透明民主的特点,又要具有一定的政策倾斜性,合理体现正确的用人导向,充分调动人员工作积极性。

在退出机制方面,明确规定符合条件的正、副职领导必须退出领导岗位,退出条件包括人员任职层级、岗位和时间等;对不同条件人员退出领导岗位后的职级待遇也作出不同的规定。退出机制的实施疏通了干部出口,提升了队伍的生机与活力。

在约束机制方面,将事业单位人员的职务聘用、晋升与年度考核结果挂钩,强化了对人员的刚性管理,提升了考核评价体系的实效性。

第三节　优化 L 区人社局对事业单位人力资源管理的策略

本节针对 L 区人社局当前对于提升人力资源管理工作效能、开创新局面的迫切需求，提出具有现实针对性和可行性的建议，在现有的行政环境下，力求提升 L 区人社局对本地区事业单位人力资源的管理水平，同时为相同层级地区人力资源管理部门开展实践工作提供一定的参考。

一、加快人力资源管理战略建设

（一）优化人力资源管理理念

要从问题的根源上寻求突破，以科学的、前瞻性的管理理念为指导，强化人力资源战略发展布局，加快人力资源管理战略建设，改善当前 L 区人社局对事业单位人力资源管理的现状。要将人力资源现实情况与发展目标相结合，清晰定位，在反复调研和论证的基础上，明确人力资源管理战略发展方向，统筹规划人力资源，因地制宜开展创新实践。

在机构设置上，要有统筹考虑、整体把握的宏观调控理念，职能、编制、管理等要素都要科学考量。通过机构改革优化、事业单位转隶来解决当前机构设置不合理的问题。要结合事业单位自身实际和工作需要，做细做实部门"三定"。进一步加强机构编制管理评估和刚性约束，统筹安排、合理调配各类编制资源，严格机构编制管理权限和程序，实现优化结构、盘活存量的战略发展目标。

岗位设置要坚持实行动态管理，事业单位应根据机构编制事项调整情况和实际工作需要，按照主体岗位类别和规定标准逐步优化岗位设置。实行空岗竞聘，领导管理岗位实行科级干部选拔任用制度。岗位设置和聘用工作需从长远出发，既要着眼盘活人才存量，又要为培养引进人才做好预留；既要解决现实突出矛盾，又要防止一次性聘用人员过多而降低聘用标准；既要考虑职责任务、事业发展和人员结构特点等因素，又要与人力资源管理制度有机衔接，切实发挥岗位设置管理在吸引、培养、使用和激励人才等方面的重要作用。

人社局应从宏观管理以及监督指导方面发力，减少微观层面对人才管理的干预。对事业单位用人自主权的限制，则能放尽放。事业单位及其主管部门要统筹协调，依法规范管理，自觉接受监督，确保下放的权限能够衔接顺畅、管理到位。

（二）增强人力资源管理系统性

1.推进管理系统信息化建设

从江西省、青海省依托本省"互联网＋人事人才"管理服务一体化平台来看，事业单位人才管理系统的应用相较于传统管理模式具有极大的优越性。一方面能够弥补人力资源管理人员业务能力水平参差不齐的不足，优化办事流程；另一方面人力资源信息数据的精准规范能够提高组织统筹协调性，优化人才资源配置，规范化的管理平台也将提升人才对组织的信赖度。

人才管理系统信息化建设作为一项系统性工程，从理念到规划，从推进到创新，需要人、财、物各方面足够的投入与保障。要从信息化基础设施、数据安全和服务等方面入手，对人力资源管理业务流程、运行机制等进行全面、系统的整合重构，积极利用互联网、大数据等技术手段，不断丰富服务类别，提升信息化管理的服务体验，为推动数字政府建设当好开路先锋。须将技术与管理融合，强化一体化平台信息防御能力，确保系统和数据的安全性和完整性，保障人才一体化平台持续、高效、稳定运行。

2.寻求监管模式创新

人社局要完善事业单位监管理念，寻求监管模式上的创新，对人力资源进行系统化管理。通过学习先进地区的经验做法，指导本地区事业单位的监管工作。例如，青岛市城阳区事业单位的"1631"事业单位监管标准化工作体系，采用等级和正负名录相结合的管理办法以及量化、细化的评定标准。星级法人认定实行动态调整制，监管措施与单位评定等级对应，并对优质事业单位有奖励性的政策倾斜。

此外，人社局应加快出台专门的监管规章制度，建立适应不同性质事业单位的监管机制，建设公正、公开、透明化的监管保障体系，包括监管程序规范、监管工具创新、配套制度建设等方面内容。坚持积极正确的激励约束导向，对工作表现突出的集体和个人进行奖励激励，增加单位和个人在监管体系中的参与度，增强工作人员的积极性和集体荣誉感；成立作风问题督导检查组，以多种形式开展督导检查，建立容错纠错机制，与时俱进地提升事业单位监管实效。

二、提升人力资源配置的合理性

（一）加强人才梯队建设

要树立人才培养意识，以事业单位长远发展需求为导向，科学选用人才、储备好人才资源，提前进行人才布局，加快人才智力成果转化。通过充分摸底与调研，掌握地区人才情况，建立专业人才库，为干部培养与选拔提供支持；出台后备人才梯队建设培养方案，并建立后备人才动态管理和使用机制；加强优秀年轻干部战略性培养储备，探索适合本地区实际情况的干部成长成才机制，为年轻人才提供更多实践锻炼机会，通过继续教育、以师带徒、脱产培训、岗位交流等手段增强后备干部培养锻炼实效，加快年轻人才的能力提升。另外，为有专长的人才、工作能力突出的年轻人才制定破格提拔方案，充分发挥人才的创造力。要紧密结合人才的独特优势,为各类人才创造职业发展空间,不断开发人才潜能,提升其主观能动性。

(二)提升人才引进的科学性

人社局要以前瞻性的视角制定人才战略,积极开展人才引进工作,坚持以需求为导向,拓展引才渠道,增强人才引进实效。在人才补充上,将人才需求信息与招聘工作密切衔接,对空余编制的使用合理把握,统筹调配。一是要指导事业单位合理设置招聘岗位,结合行业和专业特点制定招聘计划。同时,应紧密联系事业单位的实际情况,做好职位分析和资格条件设置工作,打破专业设置壁垒,扩宽招聘渠道,吸引更多的人才参与竞争。二是要创新招聘方式,科学合理地设定资格条件,切实提高所选人才的质量。以灵活多样的招聘方法应对不同事业单位对人才需求的差异性。对于急需紧缺专业岗位,其资格条件设定可因岗而异,具体包括对年龄、专业、学历的放宽等。通过专业技能或者实操测试与笔试、面试相结合的方式,为有特殊要求的岗位筛选优秀人才。

(三)充分利用现有人力资源

1.提升人员安排合理性

人社局要指导事业单位强化人员管理,合理优化岗位、人员与工作量安排,具体包括以下方面:一是明确岗位职责与工作范围;二是岗位安排要综合考量人员各方面条件,合理搭配,进一步提升人员工作效率;三是坚持动态调整机制,人才配置科学合理才能使组织健康且充满活力。

2.建立完善轮岗交流制度

通过合理范围内岗位轮换方式进行人员流动,不仅可以促进员工个人的职业发展,更重要的是能够提升队伍人才利用效能。加强人员多岗位锻炼,进而在一定程度上提高人员的适应能力和实战能力,这也有利于优化人员结构,盘活人力资源。岗位交流要根据现实工作需要多角度考量，建立规范的程序和详细的实施方案。实施方案要明确工作目标与原则，对轮岗交流的范围、期限、方式、实施步骤等进行清晰界定，要有保障措施清单，为轮岗制度顺利实施提供有力保障。对符合交流条件和规定的人员，要有计划地开展并组织岗位交流。岗位交流可采用双向选择、组织调配等形式，合理进行机构内部轮岗或是跨部门岗位交流。要及时为岗位交流人员提供学习、培训的机会，发挥人员主观能动性。要打破制度壁垒，确保人员"能进能出、能上能下"，促进人力资源良性循环。人员在交流岗位的工作表现，既能作为其今后提职、晋升的考量因素，也能为员工岗位交流结束后的去向提供依据。

3.推进文化作风建设

准确掌握并满足员工不同时期的需求，能够起到积极的激励作用。注重人文环境打造，推进文化作风建设，能更好地发挥人才的引领和支撑作用。健全人才服务保障体系，优化人才服务环境，能更加有效地吸引人才。要加强人文关怀，积极解决人才工作环境、工作压力等方面的问题，为本地区事业单位人才创造良好的工作、生活环境，增强人才的归属感和工作积极性。为人才子女入学和配偶就业等提供便捷配套服务，努力营造安业、乐业的氛围。同时要抓好人才的思想作风建设，保持队伍的战斗力。

三、健全人才评价与激励机制

（一）构建人才评价考核体系

为解决当前考核评价走形式等问题，正确充分地评估和反馈人才培养机制的效果，需要对以下方面做出调整：

第一，明确考核评价的内容和标准，增强考核评价的针对性。应根据事业单位实际情况，依据岗位和分工，有针对性地设定考核评价的内容，以及制定考核评价的标准。根据不同部门及岗位的特性，结合考核评价的目的，制定考核评价指标，力求因岗制宜，实现人力资源优化配置。

第二，考核评价方式应全方位、多元化。丰富考核方式，将主观考评法和客观考评法相结合，丰富评价角度，使评价指标的设置既能真实评价人才的行为表现，又能反映工作结果。汇总多方面评价意见，继而得出评价结论，增强考核评价的效度和信度。

第三，积极进行考核评价反馈，合理运用考核评价结果。人才评价指标具有激励和约束双重作用。应将双因素理论应用到管理实践中，提高对考核评价结果的重视度并加大应用力度，将考核结果与人员晋升、奖励等挂钩；进一步强化制度的刚性约束。应将评价激励的实际效果摆在第一位，打好"组合拳"，让人才创造的岗位价值得到积极的反馈，真正有效提升人员的工作劲头。

（二）完善优秀人员晋升通道

事业单位人员的晋升问题可以借鉴国内公务员的管理模式，以创新晋升理念和模式，完善晋升机制，为人员结构的逐渐优化创造有利条件。在考核评价体系逐渐优化和岗位交流制度日益完善的条件下，将晋升机制与人员素质能力提升相结合，对拟晋升人员培训，可达到提高其岗位胜任能力的目的。

事业单位管理岗位可以借助中国公务员职务职级并行制度的成功经验寻找发展出路，探索类似职级设置的可行性，以此来拓宽晋升渠道，拓展工作人员的晋升空间。将职级与待遇挂钩，有利于加大级别的激励作用，提升事业单位体制的公平合理性。在深入研究、广泛听取各方面意见及反复测算论证的基础上，必须建立相应的配套制度和保障机制，只有这样才可能取得成功。配套实施方案要明确总体要求、基本原则、实施范围和主要内容，实施办法和程序要完善。设置职级时要进行科学的职务分析，从而确定职位等级、工作职责和工作规范。晋升职级不能以偏概全，不能仅依据任职年限或者论资排辈确定晋升人员，要基于工作需要、个人素质、整体表现等多方面考量进行决策，要体现正确鲜明的晋升激励导向。

（三）采取有效的激励措施

事业单位的薪酬制度政策应在国家指导下统一变革发展，建立科学的薪酬制度。人社局要切实推进现有绩效工资政策的有效落实，帮助事业单位进行现有绩效分配方案的有效性评估，进一步优化绩效方案设置的科学性，提高奖励性绩效的激励效果。

此外，要加强政策引导和氛围营造，切实发挥出典型示范的精神引领作用，激发出广大人才争做先锋的热情，进一步提升组织的凝聚力与战斗力。

在优秀人才奖励方面，要合理完善奖励办法，严格落实责任，督促各事业单位提高重视程度，精心组织，严格把握考核奖励关键环节，确保考核结果真实准确、奖励程序透明规范，保障激励制度的公平性。

四、完善人才培训教育体系

（一）提高人才培训实效性

首先，要树立先进培训理念，制定有针对性的培训计划。培训工作的开展要以实际工作需要、人才发展需要为出发点和落脚点，在不同的岗位要求和层次类别上有所区别，根据不同人才特点进行全方位人员培训；明确培训目标，采用科学合理的培训方案，满足不同培训对象的学习需求，做好岗前培训、在岗培训、转岗培训以及专项培训，提高人员胜任力；将晋升培训常规化，将职业培训与人员晋升紧密结合并形成常态，促进人才高质量发展。

其次，强化配套保障，注重培训质量。可将培训管理制度化，如把培训结果与年度考核挂钩，以及通过市场来配置教学资源，引入竞争型的人员培训资源分配政策；有效整合资源，建立多元化培训模式，充分利用新媒体等技术手段，逐步建立规范的网络培训体系，提升培训效果；定期对事业单位人力资源管理人员进行专项业务培训；等等，这些对提高管理人员专业素质能力、提升人力资源管理水平大有益处。

最后，注重人才培训效果评估。人社局应围绕培训目标，以科学的方法评估人员的素质提升效果，保证培训质量，切实发挥出培训教育的实效性。

（二）强化学习型队伍建设

要树立构建学习型队伍的理念，将提升素质能力这个主旋律贯穿于人才的整个职业生涯，着力培养本土高层次人才，为人才的学习深造提供多方面的帮助。提倡人才通过多种方式提升个人专业素养，为人才的在职学习提供政策支持，挖掘人才潜力，助力人才自身发展，从而始终保持队伍的战斗力。

可以考虑以资助部分学费等方式作为奖励机制的补充方案，鼓励人才接受继续教育。要营造好学习型队伍氛围，创新学习形式，如举办业务知识技能竞赛、行业练兵比武等，创造人才学习热潮，营造充满活力的文化氛围，为人才素质水平提升持续提供动力。

第七章　事业单位人力资源管理中的激励机制

第一节　激励机制的理论基础

激励是通过一定的刺激以满足被激励者的需要,从而增强其内在行为动力的过程。简而言之,激励就是通过一定的刺激使管理对象产生积极行为的过程。人力资源管理十分重要的任务就是充分调动管理对象的工作积极性,提高其能力,使其更好地完成工作任务。而对于用什么方法、如何调动管理对象的工作积极性,激励理论提供了非常丰富的内容。

激励理论可以很好地指导管理对象的绩效管理,促进管理对象提高工作绩效;在薪酬管理中,能更好地发挥薪酬的激励功能;在培训中,能更好地激发培训对象的学习动机,提升培训效果。可以说,激励理论为有效解决人力资源的行为动力问题提供了坚实的理论支撑。

激励机制的理论主要包括内容型激励理论和过程型激励理论。

一、内容型激励理论

内容型激励理论集中研究什么样的因素能够引起人们的动机和行为,也就是研究管理者应该使用什么因素来激励被管理者,以促使其产生积极的行为动机。

美国著名心理学家马斯洛在1943年第一次提出需要层次理论。马斯洛的需要层次理论主要将人的需要分成五个层次，分别为生理方面的需要、安全方面的需要、社交方面的需要、尊重的需要以及自我实现方面的需要，这些需要是一个自低级到高级的过程。当人们满足了第一层次的需要之后，就会产生对高一层次的需要。马斯洛的需要层次理论为企业以及其他组织的管理者提供了很好的人力资源管理方法，相关的管理者可以通过对员工层次需要的分析，制定不同的激励机制，从而最大限度地提高激励机制的实施效果。

来自耶鲁大学的教授爱尔德弗（C. Alderfer）对马斯洛的需要层次理论进行了重组和完善，进而提出了 ERG 理论。E 为 existence（生存）的第一个字母，R 为 relatedness（相互关系）的第一个字母，G 为 growth（成长）的第一个字母。生存方面的需要主要指人们对于基本的物质生活方面的需要，即包括马斯洛需要层次理论中的生理方面的需要及安全方面的需要；相互关系方面的需要主要指人们对于维持相关人际关系方面的需要，主要包括马斯洛需要层次理论中社交需要及尊重方面需要的部分内容；成长方面的需要主要指人们对于个人成长方面的需要，即包括马斯洛需要层次理论中尊重需要以及自我实现方面需要的部分内容。同马斯洛需要层次理论相似，爱尔德弗的 ERG 理论也认为当第一层次的需要得到满足后就会产生更高一层次的需要，而与马斯洛需要层次理论有所区别的是，爱尔德弗的 ERG 理论认为相应的各个层次的需要是可以同时存在的，而且，对于相关的人群而言，当高一层次的需要得不到满足时，就会对第一层次需要产生更加强烈的需求意愿。

爱尔德弗的 ERG 理论主要具有以下几个特点。首先，ERG 理论认为某种需要在一定时间内对行为起作用，而当这种需要得到满足后，人们可能去追求更高层次的需要，也可能没有这种上升趋势。其次，ERG 理论认为，当较高级需要受到挫折时，人们可能会退而求其次。最后，ERG 理论还认为，某种需要在得到基本满足后，人们对其的强烈程度不仅不会减弱，还可能会增强，这就与马斯洛的观点不一致了。

20 世纪 50 年代，美国心理学家赫兹伯格（F. Herzberg）首先提出了激励-保健因素理论，也称为双因素理论。他认为满意的对立面是没有满意，是由工作本身、取得的成就和得到认可等激励机制决定的，不满意的对立面是没有不满意，是由公司的政策和管理制度、人际关系和报酬等外部因素决定的。赫兹伯格将与工作条件或工作环境相关的因素称为保健因素，满足了保健因素能够消除员工对企业的不满，但不能激发员工工作的积极性；而与工作内容有密切关系的相关因素称为激励因素，激励因素可以激发企业员工工作的积极性。赫兹伯格的双因素理论可以帮助企业有针对性地提高员工对企业的满意度。

二、过程型激励理论

过程型激励理论试图解释和描述动机和行为的产生、发展、持续及终止的全过程，它可以清楚地告诉人们为什么员工在完成工作目标时选择某种行为方式，而不是其他行为方式。典型的过程型激励理论包括由弗鲁姆（V. H. Vroom）提出、后经波特尔（L. W. Porter）和劳勒（E. E. Lawer）发展的期望理论，亚当斯（J. S. Adams）的公平理论以及斯金纳（B. F. Skinner）的强化理论。

过程型激励理论比内容型激励理论更为全面地阐述了引发行为、发展方面、持续发展及行为中止的全过程。期望理论、社会比较理论和强化理论是过程型激励理论的代表。

美国心理学家弗鲁姆提出了期望理论，他认为有三个变量决定着激励强度，分别是期望值、工具值、奖酬效价，其中期望值是指一定强度的激励可以推动人们付出努力去达到所设定的目标，最终能够达到期望绩效的主观概率；工具值是指个人预期获得成功的把握，也就是绩效达到期望的水准时所能获得奖酬的主观概率；奖酬效价是指当事人心中对不同奖酬的相对价值大小的判断。期望值、工具值、奖酬效价三者之间的乘积就是人们为获得奖酬所表现出来的积极性，也可以认为是目标奖酬对当事人的吸引力。这一理论能够促使企业在人力资源管理中帮助员工实现其目标，提高他们的期望值。

美国行为学家亚当斯提出了社会比较理论，也称公平理论。社会比较理论认为一个人对获得的报酬的满意度,不是仅仅取决于报酬的绝对值,更应该看重相对值,将所得报酬与自己条件差不多的人的报酬和贡献进行比较,如果两者之间比率是相等的,就可以认为所得报酬是合理的。从社会比较理论的产生和其主要思想来看,此理论主要论述的是公平分配问题。

美国心理学家斯金纳提出了强化理论,他认为人的行为作用于环境,如果结果有利时人的行为将会重复出现,结果不利时人的行为将会减弱或消失,这就是环境对人行为的影响。斯金纳还提出了积极强化、消极强化、惩罚与忽视等行为措施,这些对企业控制与激励员工的行为有重要意义。

第二节 激励机制在事业单位人力资源管理中的应用

事业单位在进行人力资源管理的过程中需要准确、灵活地运用好激励机制,调动员工的积极性和主动性,提高员工的工作效率,实现事业单位的发展目标。

一、激励机制下的事业单位人事制度改革

(一)传统人事制度的特点

在之前计划经济体制下,事业单位人事制度主要有以下几个特点。

首先,国家是相关事业单位人事制度的主体,事业单位的用人制度是由国家统一制定的。一方面,事业单位与所属职员之间的关系、相关事业单位的人事编制及用人计划、事业单位人事调配与供给等是由国家掌控的;另一方面,事业单

位员工工资也是由国家决定的，事业单位自身实际上是没有独立的用人权力的。

其次，事业单位相关的人事制度并不是独立存在的。事业单位主要实行和国家机关人事制度一体化的人事制度，事业单位与国家机关部门在人事各方面没有太大的区别。

最后，从相关法律的角度来看，事业单位相关职员与国家之间的任用关系属于行政法律方面的任用范畴，而不是劳动与雇佣的关系。

（二）激励机制成为事业单位人事制度改革的重要内容

改革开放前，事业单位的人事制度主要是在计划经济体制下产生的，所以相应的人事管理制度也一直沿用计划经济体制下的管理模式，即实行编制管理的人事制度。在计划经济体制下的事业单位人事制度管理中，相关事业单位的人员都由上级主管部门管辖，事业单位自身不能直接聘用员工。

另外，在事业单位内部有编制的人员，相应的工资及福利等都由政府财政负责，事业单位不能随意辞退员工，相应的，在编的员工也不能够随意离开事业单位。这种事业单位人事制度极大地损害了相关事业单位的自主选择权，也阻碍了相关人员的合理流动，不利于事业单位甚至社会的发展。

为了改变事业单位这种僵化的人事制度，我国自改革开放以来，就开始逐步探索和开展事业单位人事制度的改革，这种改革主要是在我国行政体制改革的前提下开展的。我国以激励机制为主要内容的事业单位人事制度改革主要经历了以下几个阶段。

第一阶段主要是从1979年到1987年，这是事业单位人事制度改革的摸索阶段。在这一阶段，党和国家更加重视人才管理工作，而且，党和国家还将工作的中心向市场经济建设方面转移，开始实施市场经济体制改革。

第二阶段主要是从1987年到1993年，这一阶段是事业单位人事制度改革的推进和深化阶段。在这一阶段，党和国家明确提出我国相关人事制度改革的构想。

第三阶段主要是从1993年到1998年，这一阶段是事业单位人事制度改革的全面发展阶段。在这一阶段，党的十四大确定了我国建立社会主义市场经济体制的经济体制改革方向，随之，事业单位的人事制度改革也开始逐步朝着与社会主义市场经济体制相适应的方向转变。

第四阶段主要是从1998年至今，这一阶段是我国事业单位人事制度改革的加快推进阶段。在这一阶段，我国事业单位人事制度改革随着社会主义市场经济体制改革的不断深入和发展，也获得了比较明显的效果。

二、激励机制的应用方式

人力资源是第一资源，人能促进科技进步，实现社会和经济的发展。事业单位在人力资源管理中充分发挥员工优势，调动其积极性，能够促使其在社会主义现代化建设中发挥重要作用。而激发员工的积极性将提高事业单位经营管理效率，从而提高事业单位的服务质量。

事业单位的职工发展受到各方面条件的制约，对职工有利的条件将会促使其更好地发展。事业单位在进行人力资源配置时采取满足职工心理需求的措施，将会有效地激发事业单位职工的主动性、积极性和创造性，从而提高事业单位职工的工作效率。采取职工激励机制能促使事业单位职工进行分层次流动，进而形成合理的人力资源配置。

（一）实行岗位薪级组合的薪酬机制

薪酬就是事业单位劳动者的劳动报酬，是事业单位对员工实行的一种物质激励。在改革开放之前，我国的薪酬机制是国家在计划经济体制下按照统一的工资分配模式来给员工发工资，随着社会的发展，原来的分配模式已不能满足事业单位的后续发展需要。

事业单位对员工进行薪酬激励有助于留住优秀人员，提高员工工作的积极性和主动性。20世纪90年代中后期，中国开始采用岗位薪级组合工资分配制度，对原有的工资分配模式进行了调整。随着我国社会保障制度的不断健全，基本保障体系日趋完善，事业单位根据自身发展的情况，采取了一些激励措施，以此激励员工多做贡献。

（二）建立人才参与的机制

事业单位任何目标的实现都离不开员工积极主动的参与，事业单位的所有工作都是员工之间相互合作、共同完成的，增加员工的参与度有助于员工积极主动地参与到事业单位的各项工作中，把事业单位的整体目标当作自己的目标，增加员工对事业单位的归属感。

员工高度参与事业单位各项活动，可以促进事业单位与员工、员工与员工之间的感情联系，便于事业单位开展工作，也可以为员工创造一个良好的工作环境，增强员工工作的积极性。

（三）建立绩效考核制度

目前，国家根据事业单位的发展情况制定了一套员工绩效考评体系，事业单位可以结合自身的情况来对绩效考核的内容进行适当的调整，以满足事业单位激励员工的需要。例如，对事业单位的发展有特别贡献或是业绩突出的员工应给予物质和荣誉方面的奖励，这样可以进一步激发员工工作的积极性，对有过错的员工给予相应的处罚，以增强他们的危机意识。

（四）建立目标激励和晋升激励机制

有效的激励机制对员工来说，不仅可以促使其个人价值的实现，还可以激发员工的工作热情，不断提高自身的创造能力。事业单位采用目标激励和晋升激励的方式，有助于增强员工的工作积极性，使其乐于为本单位贡献自己的力量，从而促进事业单位更好地发展。

第三节　事业单位改革中激励机制问题的成因

激励机制是人力资源管理的一部分，同时也是其中比较重要的一部分，一方面，激励机制的不断发展和完善能够促进事业单位人力资源管理水平的提高；另一方面，激励机制的相关改革需要以事业单位人力资源管理为基础和条件。事业单位必须建立完善的人力资源管理体系，将激励机制充分融入事业单位人力资源管理的各个方面，使事业单位的人员招聘、职位晋升以及薪酬管理等各个环节都能与其激励机制相结合，以便对相关人员进行激励，使他们更高效地完成事业单位的既定任务。事业单位改革中激励机制问题的成因主要有以下几个。

一、管理模式方面

（一）事业单位管理模式

在我国事业单位的现有管理模式下，由于相应人事职能的重叠以及职权的交叉，事业单位之间以及事业单位相关部门之间互相制约，管理效率难以保障。我国事业单位现今的管理模式主要有两种，分别是部门制管理模式以及公共管理模式。

当前，我国事业单位主要是由国家、地方政府或其他具有行政管理职能的组织设立的，其资产主要为国有资产，其相应的管理权集中在上级主管部门。相关事业单位的上级主管部门对事业单位的管理包括人力资源管理、财务管理等，这就是部门制管理模式。在部门制管理模式下，相关事业单位并没有太多自主权，一方面使得相关领导很难对事业单位进行优化管理；另一方面也不利于事业单位的创新和发展，使得事业单位成为上级主管部门的附属机构。

（二）管理模式与激励机制

一方面，事业单位不能很好地处理市场经济发展过程中逐渐暴露出的各种利益冲突及矛盾，使自身的相关管理受到了影响，特别是在人力资源管理方面，事业单位很难调节相关人员的矛盾，并进一步影响了其人力资源管理中的绩效考核与激励管理；另一方面，事业单位现今作为法人独立存在，却缺乏良好的法人治理结构，在管理模式上不能与现今市场经济的发展相适应，也不能够很好地应对各种市场经济环境的变化，而且事业单位管理模式的不完善，造成了人力资源管理结构不合理，从而影响了事业单位的相关绩效考核工作，不利于激励机制的长效发展。

二、分配模式方面

（一）事业单位的分配模式

我国现阶段实行以按劳分配为主体、多种分配方式并存的收入分配制度，同时坚持效率优先、兼顾公平的原则。就事业单位而言，分配模式是其人事制度的重要组成部分，同时也是我国事业单位人事制度改革的重要内容。通过事业单位人事制度改革，我国相关事业单位的分配模式正在逐步完善。事业单位应根据相关人员的工作内容，坚持效率优先、兼顾公平以及多劳多得、优质优酬的分配原则，将相关劳动者的收入分配体系与其所从事的工作性质、工作内容、工作质量等相联系，形成完善、合理的分配模式。

一些事业单位主要以绩效工资为主，还有一些事业单位的奖金、津贴等制度并不完善。长期以来，在事业单位的分配模式上，相关改革把重点放在了员工工资制度的改革和完善方面。一些事业单位实行按劳分配的分配原则,但却把按劳分配当成唯一的分配原则,从而造成分配方式比较单一等问题。事业单位人员是通过劳动获得收入的,所以事业单位的分配模式关系到职工生活的方方面面,不能不重视。

(二)分配模式与激励机制

我国相关事业单位的分配模式虽然经过比较系统和完善的改革,但还是存在一些问题。一方面,在我国事业单位的分配管理中,虽然主要是以绩效工资为主,但是相关职员的绩效考核却没有充分与工资分配挂钩,甚至有些事业单位还存在"同工不同酬"的现象,极大地影响了相关事业单位职员的工作积极性和主动性,进而严重影响了相关事业单位的工作效率;另一方面,很多事业单位在激励机制方面还存在不合理的情况,使得事业单位整个分配体系还不够完善,部分事业单位的激励机制缺乏实际的吸引力,进而挫伤了职工的积极性。

三、绩效考核方面

(一)事业单位绩效考核体系

第一,相关事业单位对于其所属的管理人员采用针对工作实际业绩的、动态的考核方式。具体而言,主要是以对相关管理人员进行目标管理为前提条件,以管理人员实际的工作业绩为考核中心,以月度考核为主要的考核周期,实现对相关事业单位管理人员的绩效考核。对于相关事业单位管理人员的年度工作目标,按照月度进行分解,采用每个月相关管理人员自我评价、相关管理人员互相评价以及事业单位相关群众对其进行评价等方式展开绩效考核,并对其进行组织方面的考察,以便确定相关管理人员的绩效考核水平和等级,并将相关管理人员的绩效考核结果与其实际的工资以及奖金等挂钩。

第二，对事业单位内部相关专业技术人员实行基于岗位的绩效考核方式。具体而言，主要是指事业单位应根据相应专业技术人员所处岗位的性质及职责，分别设置相应的考核绩效指标以及考核标准，对被考核专业技术人员的工作内容及工作绩效进行合理的考核与评价。对专业技术人员的绩效考核同样也应以月份为考核周期。相应的考核结果也要及时张榜公布，根据各个月份的考核成绩及年度综合考核结果进行相关专业技术人员绩效考核排名，确定其绩效水平及绩效等级，并参照考核结果对职工工资及奖金进行调整。

第三，进行年度考核。具体而言，主要是指相关事业单位根据自身与其他社会组织不同的特点，主要采取以年度为综合考核时间周期的绩效考核，从而改变以往事业单位均按照事业单位的相关要求进行绩效考核的方式。这种制度及考核方法更符合事业单位的实际情况，同时也更符合相关事业单位的工作目标主要按照年度进行分配的要求。

第四，事业单位主要采用综合指标进行相应的考核。具体而言，主要就是指将效益指标、质量指标、行为指标捆绑在一起进行考核。诸如此类的考核方法的创新，必将极大地调动事业单位工作人员的积极性和创造性，推动事业单位人事制度改革向纵深化发展。

（二）绩效考核体系与激励机制

第一，很多事业单位在绩效考核方面还存在着绩效考核目的不明确的问题，使得相应的绩效考核体系流于形式，不能发挥其应有的对事业单位发展尤其是对事业单位激励机制发展的积极作用。由于事业单位相关绩效考核体系的考核目标不明确，直接影响到了事业单位绩效考核结果的全面性、准确性和真实性，既没有发挥出绩效考核应有的考核作用，也使得相应考核激励缺乏科学合理的激励目标和对象。一些事业单位仅仅只是将绩效考核作为一项可有可无的工作来开展，严重影响了相应激励机制的实施效果。

第二，部分事业单位的绩效考核体系还存在相关考核方案不合理的问题。一方面，事业单位绩效考核方案的不合理使得其为相关职员制定的考核指标过于单一化，一些事业单位仅采用定性的评价方法开展关于职员德、能、勤、绩的考核。绩效考核体系缺乏全面性，相应的考核结果不能全面反映职员的工作水平。另一方面，考核方案不科学使得事业单位对相关职员的考核缺乏实际利用价值，无法给出一个比较有效的考核结果，使得事业单位的激励机制缺乏实际的应用基础。

第三，事业单位的绩效考核体系还存在不重视考核结果的运用等问题。考核结果的运用一方面是对事业单位绩效考核体系的发展、完善和延续；另一方面也是事业单位落实激励机制的基础。绩效考核结果得不到有效运用，会极大地影响激励机制的实施效果，使激励机制不能充分发挥其应有的积极作用。

四、激励体系方面

（一）事业单位激励体系

激励是指综合运用鼓励等手段对特定的目标对象进行刺激，使其认同激励者的培养目标，并通过自己不断努力达到该目标的过程。激励体系建设一般包括物质激励和精神激励两大方面。物质激励对激发员工的积极性具有非常重要的作用。物质激励方式多种多样，必须根据每个岗位的不同特点采取相应的激励方式，这样才能达到最好的激励效果。物质激励没有绝对的高低之分，更多的是一个相对概念，在进行物质激励的过程中最重要的是要体现"公平"原则，以事业单位的发展战略和总体计划为导向，以每位员工创造的绩效多少为依据，制定基于绩效的物质激励体系，充分体现"多创造价值多得回报"的理念。精神激励是激发员工积极性的另一种方式。精神激励的方式同样有很多，事业单位要善于创新精神激励的方式，充分激发每位员工的积极性。

（二）激励体系与奖励机制

一些事业单位由于缺乏科学合理的奖励体系，不能很好地对相关成员进行全面有效的奖励。一方面事业单位的奖励机制难以调动职工的工作积极性和主动性，也很难最大限度地发挥职工的工作潜力；另一方面事业单位的奖励机制不利于完善人力资源管理制度。事业单位奖励机制的不完善和缺失，极容易引发各种问题。

五、环境因素方面

事业单位所处的环境主要包括内部环境和外部环境两个部分，事业单位的内部环境包括事业单位自身的管理结构、人事制度、权责设置以及部门文化等；事业单位的外部环境主要包括事业单位自身所处的社会环境、经济环境以及法律道德环境等方面的内容。

在内部环境方面，事业单位由于其自身的特殊性，在管理结构方面主要是对上级相关主管部门负责，而没有设置比较复杂的公司型管理结构，所以事业单位的相关管理人员在事业单位自身内部环境建设方面具有非常重要的作用。受事业单位管理结构的影响，相关事业单位在管理的自主选择方面还存在一定的问题，致使事业单位还不能完全自主地改进和完善激励机制或进行制度选择；而在人事制度方面，事业单位人事制度改革的推进，使得一些事业单位将主要精力集中在人事制度改革上，激励机制改革被忽略，影响到了事业单位激励机制的发展和完善；在权责设置方面，一些事业单位的岗位设置不够合理，工作任务、权责方面的设计也不够科学，使得事业单位内部的岗位考核不够全面，进而严重影响事业单位激励机制的实施；最后，在部门文化方面，事业单位的部门文化也会对其激励机制产生非常重要的影响。

第四节 完善事业单位人力资源管理激励机制的策略

一、完善事业单位人力资源管理模式

事业单位与其他政府部门及企业组织等有所不同，其人力资源管理一方面要符合事业单位自身的特点，转变其传统的人力资源管理观念，根据自身的实际情况及需求，构建灵活的人力资源管理机制，以便于全面考核；另一方面要加强对职员的激励，优化人力资源管理模式。在人力资源管理中，事业单位相关管理者还必须贯彻以人为本的管理理念，在管理过程中尽可能地体现事业单位对职员的人文关怀；也可以采用多种形式提升职员对事业单位的满意度和忠诚度，进而有效提高职员的工作积极性和主动性。

二、建立长效的激励机制

（一）公开招聘高层领导，有效落实年薪制

高层领导者的管理风格、领导艺术和管理能力对一个组织的发展有重要影响。从知识体系来看，高层领导者的管理能力较强，掌握的知识更系统，因而对事物有独到的见解。从其组织作用来看，高层领导者是一个组织的"大脑"，是落实相关政策的决策者和监督者，所以高层领导者对组织的发展具有重要影响。正如舒尔茨所说，人力资本是最稀缺的资本。因此，对事业单位来说，高层领导者应具备较强的管理能力。

完善事业单位人力资源管理激励机制时，可公开招聘高层领导者，转变传统的由内部选拔或政府委任的任职方式。传统的内部选拔机制，虽然在一定程度上具备激励作用，但是也存在很多不足，甚至会引发一些问题，不利于事业单位内部的安定团结。而在外部招聘机制下，备选人员相互竞争，可选择的范围更大，同时也能给事业单位注入新鲜血液。引入竞争激励机制，有利于引进更优秀的人才。不过，高级人才的去留也是一个关键问题，很多事业单位开始采用年薪制，以留住优秀人才。

（二）对普通岗位实施岗位聘任制

聘任制是事业单位和员工通过劳动合同确定劳动关系的一种任用方式。一般而言，事业单位会公开招聘的职位和要求，员工采取自愿的原则进行竞聘，经资格审查和考核后，确定受聘人员的薪酬和聘任期限。岗位聘任制有利于激发员工的工作积极性，让员工树立竞争意识。此外，岗位聘任制还有利于人才的自由流动和竞争，实现人力资源的优化配置，淘汰不合格者。

（三）优化绩效分配制度，注重精神激励

落实绩效工资，推行绩效考核，是当前事业单位的主要改革趋势，也是符合国际惯例，提高事业单位市场化水平和国际化水平的必然措施。但在激励措施上，不能只注重物质激励，还要注重精神激励。物质奖励作为一种有形奖励，会出现边际效用递减现象，根据马斯洛的需要层次理论，人有不同的需要，当低级需要满足之后会寻求更高层次的需要。精神激励能满足人更高层次的需要，这是一种无形的激励方式，往往能起意想不到的效果，持续时间也更长。

第八章 企业人力资源内部控制问题与优化——以 A 公司为例

第一节 A 公司基本情况

民营企业人力资源内部控制问题值得探究，而如今国内外鲜有研究者对企业人力资源内部控制的案例进行研究，因此本节以 A 科技股份有限公司（原名"A 电子科技有限公司"，2007 年更名，以下简称"A 公司"）为例，采用案例分析的方法对其人力资源内部控制的设置和运行进行研究。

一、公司简介

A 公司成立于 1999 年，为军转干部自主择业时带领十余名中青年专家共同创立的国家高新技术企业，注册资本 3.73 亿元，目前的主营业务为教育信息化的软硬件提供及后续服务。A 公司最初是租用其他企业的半层楼作为工作地点，历经 20 余年的发展，已拥有自己的大型园区，公司的规模也由十几人扩大至数百人。目前，A 公司拥有在职员工 600 余人，年营业收入为 2 亿～3 亿元。

A 公司在业界的口碑很好，在省内也算是名列前茅的大型企业，甚至是省内诸多高校学子向往的优秀企业。但近几年 A 公司的经营情况大不如前，内部也存在诸多问题。

二、公司内部控制基本制度

原则上，A 公司的内部控制制度建设和实施应有相应分工，但目前制度的建设和实施仍主要由董事会负责。该公司编有《A 公司内部控制手册》，制定了各项细化的内部管理制度。其中，董事会负责编制《A 公司内部控制手册》并在名义上监督全体员工执行，各项细化的内部管理制度分别由行政、人力、财务等职能部门协助实施。从内部管理制度的设置情况来看，A 公司实则拥有较为健全的制度和流程体系，但更多是临时性的，实际工作中没有持续执行下去。

根据 A 公司发布的《A 公司内部控制手册》，A 公司内部控制目标如下：一是保证公司稳步发展；二是提高经营的效率和效益；三是保证资产、记录安全完整；四是保证财务报告及管理信息的真实、可靠和完整；五是遵守国家法律法规及有关监管要求；六是促进公司战略目标顺利实现。可以看出，A 公司内部控制目标基本是对国家政策的照搬，不符合权变理论的要求（在后文将会分析到），A 公司的内部控制政策并没有很好地帮助公司提高经营效率和效益，由于缺少明确的发展战略，公司的战略目标也没有顺利实现。

A 公司内部控制制度的制定和修改像大多数企业一样，遵循全面性、重要性、协调性、制衡性、经济性、有效性、适应性等七大原则。在职责分工方面，《A 公司内部控制手册》提及："内部控制制度的建立健全和有效实施由董事会负责，内部控制运行情况则由审计委员会负责审查和监督。公司设立内部控制体系建设领导小组，对公司内部控制制度的建立、实施、监督、完善负责。内部控制领导小组下设办公室，作为公司内部控制工作日常管理机构。"然而，实际上（下文也会进行论述），A 公司并未成立专门的审计委员会，也没有设立内部控制体系建设领导小组和下属办公室，内部控制制度就是一纸空文，并没有得到有效执行。

三、公司发展战略和企业文化

（一）公司发展战略

A公司选择了在要求较低的新三板挂牌上市，但仍旧没有忘记主板上市的目标，如今公司的战略也是一直根据此目标来制定，还提出"成为教育信息化一流解决方案商和服务提供商"的企业愿景。

通过与A公司管理层的交流，可以总结出A公司的战略分为以下几点：

市场目标：实现从"教育系统平台集成商与内容服务运营商"到"跨终端的全方位在线教育服务商"的转变，成为省内市场占有率最高的在线教育服务商。

创新目标：关注市场发展动向，及时更新技术，尽可能引领市场发展方向。

盈利目标：努力实现连续盈利，达到主板上市硬性要求。

社会目标：积极履行社会责任，热心参与公益活动，提高企业形象。

战略乃是公司全员共同努力的方向。然而，经过访谈调查，中低层员工并不清楚A公司的战略和愿景是什么，战略更多停留在计划阶段，并没有形成具体的、落地的可显示性文件，并不能对各部门的目标制定起到影响，同样A公司对战略方向的可持续性、前瞻性研究等也比较缺乏。缺少了明确的发展战略，不仅企业的进一步发展受到限制，公司的人力资源内部控制制度也难以制定。

（二）公司企业文化

良好的企业文化能帮助管理者带动员工工作的主动性和积极性，有利于实现企业整体战略目标，因此企业应加强文化建设，公司高层领导应当在建设过程中起到引领作用，其他员工则应遵守各项规章制度，爱岗敬业，积极工作。

在A公司官网上，企业文化占据单独的版块。理想中，公司追求"让每一位员工有成才之道、有用武之地、无后顾之忧"，并将人才培养、科技创新、开放合作和倡导正能量作为企业文化的核心。然而，在公司日常活动中，这些因素却并没有全部体现出来。例如，在人才培养方面，公司并没有固定的经费投入，缺少工作技能相关的培训；在科技创新方面，公司的研发部门创新能力不够强，并且在新产品的研发上效率较低。公司在员工凝聚力方面也出现了一些问题，因为 A 公司平时并不会开展集体活动，员工间关系较为生疏，缺乏共同努力的精神目标，"多一事不如少一事"的思想在员工之间弥漫。

据悉，A 公司创办人即现任总裁为军人出身，在部队时担任的是军一级干部，转业就是因为"想做事"，想为社会做贡献。因此，总裁对下属的管理十分严格，他认为自己的员工也应该有跟自己一样的工作热情，但有的员工并不这么认为。另外，有员工介绍，公司虽拥有自己的办公园区，但公司各部门办公区域十分分散，一些员工遇事推诿，并没有"把企业当家"。

四、公司组织架构

（一）治理结构

公司治理结构是人力资源内部控制环境的重要构成要素，指的是公司内部机构设置及权力制衡的各项机制。完善的公司治理结构有助于公司加强核心竞争力，获得更好的经营发展前景。

根据委托代理理论，企业需要拥有相互制衡的治理结构才能更好地保证战略目标的实现。A 公司治理结构并不完善，且缺乏制衡性。首先，公司目前没有专门的内部审计部门，因此不能对公司内部控制的有效性进行及时的监督检查和控制，风险防范意识不足，不利于改善人力资源内部控制的效果。其次，董事会没有下属的战略管理委员会、提名委员会、审计委员会及薪酬管理委员会，实际的决策机制没有建立起来。最后，A 公司虽设有监事会与董事会秘书，但监事会主席——公司其中一名副总裁同时也是公司董事，违反了董事、高级管理人员不得兼任监事的原则。另外，公司的董事会秘书则是由另一名副总裁兼任，这些设置都有悖于公司治理结构的相互制衡原则。

值得一提的是，公司总裁直接持有 A 公司普通股约 30%的股份，又因持有 A 公司旗下投资公司股份从而间接持有 A 公司约 9%的股份，从而以约 39%的股份比例成为 A 公司大股东。再加上公司暂未能在主板上市，也就没有单独设置独立董事的职位，最终形成了大股东"一股独大"的局面。

（二）管理结构

管理结构（组织结构）是表明组织各部分、各要素之间相互关系的框架，公司的整个管理体系都是基于这个框架建立的，它是人力资源内部控制的组织基础。科学合理的组织结构有利于形成良好的人力资源内部控制环境，有利于搭建起各部门、各层级之间沟通的桥梁，有利于公司对人力资源内部控制各环节的实施进行良好的内部监督和把控。组织结构类型可分为扁平式结构和金字塔形结构，金字塔形结构又可分为直线制、职能制、直线—职能制、事业部制、模拟分权制、矩阵制等结构。

虽然这种组织结构确保了公司集中统一的管理体系，但部门之间的协调和配合度较差，许多事务需要主管的协调才能进行，各部门间职能不交叉且缺乏信息沟通，一个小项目的运行往往需要繁杂的过程。例如，在 A 公司日常运营中，一个营销项目首先需要营销中心接触客户，其次需要售前工程师设计营销方案，再次需要营销中心处理报价并与客户谈判，接着要由物流中心进行采购并核实库存，之后将材料运送到工程中心进行施工制造，最后售出后继续由营销中心处理回款，在此过程中还需要财务中心、人力资源中心以及行政中心等职能部门参与，形成"牵一发而动全身"的局面，严重影响了运营效率，一旦出现差错，各部门还会存在推卸责任的情况。此外，职能部门的许多工作必须在向上层领导报告、请示后才能进行，加重了上层领导的工作负担。

（三）岗位设置和岗位职责

权责分配是基于公司的发展战略和生产经营的模式，根据公司组织架构设置，明确各个部门或职位的工作内容、职责和权限的过程，一般可分为工作内容分析、职位划分、职责权限界定和建立岗位责任制四个部分。在企业经营管理中，日常工作的有序进行离不开明确、合理的权责分配制度，只有分工明确才能保证工作效率。因此，企业要结合自身特点和内控制度合理确定部门和岗位，落实各部门和各岗位的权限和职责，同时通过编制内部管理手册和培训教育等手段，帮助全体员工深刻认识和理解公司内部的权责分配。

A公司在职员工中，一些老员工是公司发展初期进入公司的，经历了公司从弱小到发展壮大的过程，他们如今已普遍身居中高层，但其中一些人能力平庸，随着公司规模和业务规模的扩大，许多工作他们已经不能胜任。也就是说，有部分有能力的员工实际身兼多职，比如公司副总裁兼董事会秘书如今就同时监管着公司采购部、制造部、营销管理部、物流部、财务部以及人力资源部的日常工作，在这些部门中，营销部、财务部、人力资源部的部门领导就是公司建立初期的老员工，他们的工作能力较差，很多工作即使能够完成也是质量不高，这时总裁往往就会安排副总裁重新处理这些事务，而重新处理这些事务的员工并没有实际的权力，体现了权责不明确的问题。另外，由于公司发展历史上有过多次组织调整，随着组织调整，产生了"事跟人走"的现象，即人走到哪里，职能就放到哪里，这是职能错位的表现。

第二节　A公司人力资源内部控制现状及问题

人力资源内部控制的各个环节环环相扣，任一环节出了纰漏都可能影响整个内部控制的效果。例如，招聘不及时导致紧急录用的人员业务能力不强，影响后续的人力资源管理与企业的盈利能力；对于培训的投入不足一方面不能提高员工的专业能力和岗位胜任能力，另一方面也不能达到有效激励员工、使其努力工作的目的；薪酬与激励机制的缺陷会严重影响员工的工作积极性，进而造成人才流失。因此，民营企业必须从各个环节入手，建立健全人力资源内部控制制度。

一、A公司人力资源内部控制现状

（一）公司人力资源结构

A公司是一家高新技术企业，因此选聘的研发人员的专业能力、创新能力就显得十分重要。本节将对A公司和某高科技企业B股份有限公司（以下简称"B公司"）的在职员工基本情况进行简单对比。虽然它们上市情况不同，但主板上市也是A公司一直以来的目标，因此将A公司与业务相似的上市公司进行对比也有一定的参考意义。

虽然成立时间相差无几，但在人员规模上B公司大幅领先于A公司，且A公司研究人员占员工总数的比例与发展迅猛的B公司有着较大差距，因而A公司研发能力略显不足。同时，A公司研发人员集中在26～31岁，本科学历以上的占84%；B公司研发人员集中在23～28岁，本科学历以上的占91%。

年轻、高学历人才的创新能力往往更强,这对高科技企业研发新产品、新技术有着重要意义。

对公司全体在职员工可从四个方面来分析:一是从年龄分布方面分析,合理的年龄分布保证了公司未来一段时间的持续发展动力;二是从学历分布方面分析,不同行业及岗位对人才的素质要求不同,合理的学历分布保证了公司运营的稳定性,又可以较好地控制公司的人力成本;三是从人员配置比例方面分析,高层、中层、基层的比例可以显示公司管理的倾向,基层员工是公司的执行组织,良好的配比关系可以使得内部运营更加顺畅;四是从工龄分布方面分析,工龄分布可以显示一个公司的人员流动性,流动率较大,成本较高,但是缺乏流动性就会导致企业缺乏新鲜血液,创新力量不足。

从员工年龄来看,A公司员工主要集中在30～40岁,30岁以上的员工占员工总数的54%;B公司员工则多为25～30岁,30岁以上的员工仅占比20%。初步猜想造成这种现象的原因,一是A公司目前的激励机制难以吸引新鲜血液,二是十余年前A公司整体发展及待遇相对较好而引入了大批青年员工,这批员工随着年龄的逐步增长,他们离职的意愿越来越低。

从员工学历来看,A公司本科及以上学历的员工占员工总数的比例为63%左右,B公司则占到87%。导致此现象的可能有以下几点因素:一是省内整体教育环境较差,缺乏相对知名的211/985类高校;二是省内整体的科技环境使得人才不太关注高新技术类企业,同时A公司的激励措施无法满足人才的需求,使得引入相关高素质人才的难度增加;三是公司可能引入过素质相对较高的人才,但是后期对人才的培养、关注不够,造成大量优秀人才流失。

从人员配置来看,A公司高层、中层、基层的比例为1:38:77,B公司高层、中层、基层的比例则为1:43:393,A公司中层管理人员明显偏多甚至有些赘余。究其原因,省内整体的科技环境与京津冀、长江三角洲等地的差距较大,使得借鉴参考渠道较少,企业只能延续传统企业的管理层级。另外,公司发展过程中缺乏系统的组织管理体系,打补丁现象及因人设岗现象明显。

第八章　企业人力资源内部控制问题与优化——以 A 公司为例

综上所述，整体来看，A 公司员工整体年龄略大，学历相对较低，缺少年轻高素质人才，而中基层管理人员过多导致管理散乱，还提高了公司的人力成本；公司在职员工工龄则普遍较长，但低流动性造成了公司新鲜血液较少。作为高科技企业，A 公司的研发团队的能力也略显不足，首先研发人员在数量上就显得不足，其次研发人员的年龄和学历也较其他高科技企业差一些。

（二）人力资源的引进和开发

1. 选聘机制

员工的遴选和招聘是企业人力资源形成的关键，它能满足企业当前和未来发展对人员的需求。同时员工选聘也是企业人力资源内部控制中其他环节的基础，选聘人员的质量直接关系到人力资源内部控制后续工作的效率。因此，建立公平、公正、平等、竞争、择优的用人机制，能为企业提供良好的人力资源内部控制环境。

A 公司与大多家族式民营企业不同，其人员聘用极少建立在亲缘关系之上。公司总裁的儿子留学归来也没有进入 A 公司工作，总裁仅有一名胞妹在 A 公司的外省分公司担任总经理，另外还有两名远方亲戚被安排在非核心部门的基层岗位，因而亲缘关系对公司的影响极小。

A 公司进行员工招聘的正常流程为先后经过人力资源部门招聘负责人面试、分管部门领导面试、人力总监面试，但鉴于人力总监工作能力一般，对应聘者的评估能力不强，所以现在在面试流程的最后又加上了公司副总裁即董事会秘书面试。A 公司招聘方式与其他大型企业一样，采用社会招聘与校园招聘相结合的方式，但每年招聘频次、时间都不固定。据公司某管理人员介绍，公司的人力资源部门平时一般不会对公司日常业务的运行、战略的规划进行分析，从而对公司的人员需求进行实时预测，在招聘决策与计划环节做得非常不好。而当公司现有人员不能满足实际需要时才会紧急组织招聘，这种"赶时间"式的招聘往往是将人员招募、甄选、录用三个环节合为一体，几乎过了网上简历筛选环节的应聘者都能被录用。由于公司是缺人时才组织招聘,所以即使在试用期表现一般的员工也能够被最终留用,以至于新聘用的人员通常能力参差不齐,不利于公司的运营与发展。至于招聘评估环节根本没有,公司更无法据此改进招聘方式,这就导致 A 公司的人员选聘工作多年来一直保持着质量不高的状态。

2.员工培训机制

培训是指企业进行的促进企业员工学习以及组织员工学习的过程。按照培训途径划分,可分为内训和外训,内训是为了帮助员工尽快了解和熟悉企业理念和岗位工作,外训是依托各部门业务特点外派人员参加培训课程以达到拓宽知识面、提高业务技能或个人素质的目的;按照培训内容划分,则可分为技术技能培训、创新能力培训、企业文化培训、心理培训等,其中,技术技能培训是为提高员工业务能力而进行的培训,是员工培训的主要内容。

A 公司招聘新人达到一定数量时会进行集体入职培训,培训时长不像某些著名大型企业(如华为)会持续数月,而是只有三天。并且培训内容主要停留在公司大层面上,包含企业文化宣传、公司产品介绍和公司制度建设等,涉及具体部门的内容几乎没有。公司会为每位完成入职培训正式上岗后的新员工分配师父,理论上应由师父带岗,但大多部门并没有尽职尽责,一些师父甚至对徒弟十分冷淡,这不利于员工专业技能的提升。

(三)人力资源的使用

1.薪酬制度

设计得当的薪酬制度体系能够有力提升员工工作的主动性和积极性,有助于形成良好的人力资源内部控制环境,进而帮助企业实现战略目标,遏制偏离组织目标的行为。薪酬策略的制定要根据公司的发展战略和运营情况来进行,有针对性地帮助企业实现整体战略目标。A 公司早在几年前已经历资金雄厚、技术先进、人才丰富、管理水平较高的成熟期阶段,现如今应处于成熟期过渡到衰退期的阶段。公司薪酬在省内属于平均水平，但对比同行业企业则属于较低水平。

2.激励机制

设计有效的激励制度有利于最大限度地激发员工的工作热情，令其更为主动积极地工作从而为企业创造更多收益。因此，在企业运营过程中应关注员工的各方面需求，合理构建激励制度体系，对不同员工采取不同的激励手段，保证每位员工的能力和才智都能在工作中得到最大限度的开发，进而帮助企业实现利益最大化，最终实现企业的整体战略目标。根据对 A 公司员工的访谈与调查，A 公司的激励机制主要包括薪酬福利、培训制度、晋升制度、负面激励等。

3.绩效考核制度

经调查，A 公司的绩效考核制度较为完善，包括个人绩效考核和部门绩效考核两方面。部门绩效考核每月末进行一次，各部门都确定了适用于自身的关键考核指标，如销售部门员工通过合同的签订数量和为公司创造利润的多少来确定绩效情况，研发部门员工通过从事项目的难度、项目完成时间（有无按期或超期完成）、完成质量如何（出现漏洞的数量）、成本管控等方面来进行考核，人力资源部门则通过招聘员工的数量和质量等进行考核。

制度虽好，但只有能真实合理地应用到企业日常工作经营中才算有意义。该绩效考核制度刚刚制定时，A 公司各部门每月会进行考核，过程是由各部门上报考核指标的完成情况，经管理层审核后由总裁批准绩效奖金。但由于过程中缺乏人力资源部门的监督，各部门往往会虚报考核指标，或是仅上报好完成的指标，这样一来，各部门都能达到绩效考核的标准，拿到绩效奖金。

再者，A 公司的绩效考核往往最终只是得出评价的结果，并没有对考核结果进行分析和后续跟进，比如未与绩效考核结果不佳的个人或部门进行面谈或交流，没有对其后续工作进行指导和激励，考核仅仅是考核，起不到应有的作用，完全是费时、费力又无用的工作。

（四）人力资源的退出

对A公司来说，员工离职通常包括辞职、辞退、合同到期三种方式。其中，员工主动辞职和合同到期的企业不需要支付赔偿，而企业主动辞退员工的，需要对被辞退员工按照司龄给予N+1的辞退补偿，如某员工在A公司工作了三年，如果将其辞退就要额外支付其四个月的工资进行补偿。

A公司员工离职需要经历一定的申请流程，其中，要填写一份包含离职原因和对公司建议的审批表。但即使离职员工注明了自己不愿继续留在A公司的原因和对部门、对公司的建议，A公司也并没有根据他们的意见对公司和部门的管理方式进行相应的整改与完善，而仅仅将填写表格视为一项流程。

二、A公司人力资源内部控制的问题

（一）内部控制制度执行不到位

前文已经介绍过，A公司实则拥有较为完备的内部管理制度。以《A公司内部控制手册》为例，虽然在分类上有些混乱，在内容上可能也不够全面，但拥有一套完整的内部控制制度对大多民营企业来说实属不易。即便如此，制度制定的目的是执行，只有执行了合理的制度才能更好地进行企业管理。然而，A公司的内部控制制度却并没有得到有效执行。

举例来说，虽然在《A公司内部控制手册》中列举了内控评价小组、审计委员会等的职能分配，但实际上A公司根本没有设立这些部门；再者，A公司也没有定期对自身内部控制现状进行评价和制度修改，《A公司内部控制手册》自2009年发布至今没有进行过任何改动，更不用说《A公司内部控制手册》涉及的具体业务和工作流程。A公司的管理工作根本没有依照制度去严格落实。而在A公司已成文的内部控制制度中，涉及大量人力资源内部控制的内容，因此只要 A 公司全体员工能严格遵守内部控制制度，A 公司人力资源内部控制存在的问题势必能得到很大缓解。

（二）招聘体系不完善

A 公司的招聘体系缺少了重要的计划环节，这就使得招聘的后续环节变得紧急而盲目，致使 A 公司招聘到了许多看似能抵一时之用，实际能力却并不符合公司需要的人员。加之对新进员工没有合理的后续评估，这些人员轻易不会被辞退，导致公司进行了大量不必要的人力资本投入，不仅增加了公司的财务负担，还不利于公司业务的开展。

（三）激励机制不健全

如前文所述，激励主要分为物质激励和精神激励。在物质激励上，A 公司的薪酬制度不能获得员工的认同，基本工资低于同行业其他企业，绩效考核又不合理，导致员工不能获得与自身付出相对等的回报从而丧失了工作积极性；"五险一金"交得少，各项津贴也不能完全到位，致使员工失去了工作动力。在精神激励上，公司奉行"军事化"管理理念，领导对下属往往是少表扬、多批评，使员工不能获得自我认同感，并且在 A 公司凭借自身绩效考核而晋升的员工较少。如此一来，部分有能力的员工纷纷跳槽，另谋高就；能力不足的员工则留在 A 公司，但他们却不能为公司创造应有的收益。

第三节　A 公司人力资源内部控制的优化建议

内部控制的理论和实践应当促使人、财、物相互结合、相互作用，但从根本上来说，控制好人才能控制好财和物，因为财或物的内部控制实践都是需要由人来实施的，只有人的行为合规才能实现对财和物的真正控制，并且控制的目的也最终体现在人的行为上。

一、创建良好的企业文化，完善组织架构

（一）创建良好的企业文化

首先，A 公司管理层需要树立以人为本的管理理念。人的主观能动性在很大程度上决定着企业未来的发展能力和方向，企业必须充分发掘员工的潜能，激发其工作积极性，才能令其主动为企业发展做出贡献。因此，管理层要关注员工的各方面需求，加强与员工的交流与沟通，及时了解员工的想法和诉求，倾听员工的意见，有针对性地采纳员工对公司发展的建议，提升员工在公司治理中的参与度，在一定程度上提高员工工作的主动性和积极性。

其次，A 公司需要加强员工之间的凝聚力。增强凝聚力可以通过点滴小事来实现，比如可定期举办任何形式的员工集体活动（体育竞赛、文艺活动、团体聚餐等），送员工一些小礼品；集中办公区域，让领导和员工能一起办公，拉近领导和员工的距离；改善办公室环境，在墙上张贴介绍企业发展历程、企业文化、企业发展过程中的关键节点等图片，让员工时刻牢记企业发展的不易。如此，能有效提高员工工作的配合程度和默契度，形成相互尊重和信任的氛围，

使员工为 A 公司的发展贡献自己的一份力量。

最后，公司高层要起到表率作用，树立标杆意识，上行下效，还要规范干部员工尤其是中基层管理人员的行为。可以通过定期的员工匿名评价来了解这些干部员工的日常行为，对评分较低的人员由人力资源部门和上级领导进行约谈，使其了解到自己行为的不当之处并进行相应改进。

（二）完善组织架构

在治理结构方面，A 公司应专门设置内部审计部门，定期或不定期地对公司的内部控制执行情况进行监督和检查，针对不当之处及时提出改进意见。可设立董事会下属的战略管理委员会、提名委员会、审计委员会及薪酬管理委员会，进行辅助工作。如此一来，就能大幅提高公司管理质量。同时，应对公司股权进行一定分散，减小总裁对公司管理的影响力。还要明确高层管理人员权责分配，发挥其在企业文化建设、公司战略制定等方面的作用和优势。

在管理结构方面，A 公司应根据目前的发展现状和组织形态确定合适的组织结构（如事业部制），增强各部门的配合能力和协调能力，简化工作流程和审批程序，避免责任推诿现象，纠正形式主义倾向，提高企业整体的运行效率。

此外，在 A 公司目前的组织决策中，决策链大都是由上至下的，权力和压力均集中在高层，而基层基本都是执行层，主动性非常弱。而对于公司目前的发展瓶颈来说，将员工的个人能力转化为团队能力尤为重要，因此需要将组织结构由"正三角"形转变为"倒三角"形，提高员工在组织决策中的主动性。

二、明确岗位职责，建立完备的招聘体系

（一）明确岗位职责

A 公司在一定程度上存在个人能力与岗位不匹配的现象，因此需要进行岗位分析，明确岗位所需要的人员要求和具体工作内容。岗位分析是人力资源内部控制的基础工作之一，A 公司人力资源部门需要充分研究公司各个岗位所需人员的素质，编制明确的岗位说明书，以招聘符合岗位条件的新员工，帮助在岗员工了解自己的必备素质和工作内容，优化公司整体的人力资源内部控制体系。

岗位说明书是在对公司各个岗位进行深度分析的基础上产生的，一份完整的岗位说明书必须包含"6W1H"的内容，即：该岗位的主要工作任务是什么（What），为什么要进行这些工作（Why），该岗位是要选取哪些符合要求的人以及该岗位的设置是为了辅助哪些人的后续工作（Who），该岗位的主要工作地点在哪里（Where），完成该岗位工作任务所需要的时间和周期是什么（When），这些工作具体该如何进行（How）。这七点因素不应是简单的项目罗列，而应该是形成逻辑关系的紧密的系统。值得一提的是，企业有必要另外形成一份任职说明书，在任职人员的学历、年龄、技能、性格、身体素质等方面作出硬性规定，以此规范招聘管理和在岗人员管理工作。

（二）建立完备的招聘体系

企业的所有人力资源工作都是建立在招聘的基础上的，如果招聘效果不佳，将会影响企业人力资源内部控制的效果，甚至不利于企业整体的发展运营。只有具备完备的招聘体系，才能帮助企业遴选合适的人才，提升企业的核心竞争力。A 公司若想建设一套完备的招聘体系，可以从以下几个环节着手。

1.完善招聘决策与计划环节

A公司的人力资源部门需要在日常工作中定期考察公司所需各种岗位员工的数量，对各个部门进行探访以了解该部门的员工是否欠缺，并了解分管部门领导的招聘意向，在此基础上结合公司战略和经营现状明确新员工需求数量。同时，还要对招聘进度、招聘途径等细节进行合理规划，探查同行业其他公司为类似岗位提供的薪酬，确定能为新招聘员工支付的报酬，在招聘环节提高对人才的关注度。

2.明确岗位所需人才素质和特征

根据企业制定的任职说明书，A公司招聘负责人员应该对应聘人员的学历、年龄、技能、经验、身体素质等方面的特征进行严格考量，在简历筛选环节可以直接过滤掉硬性条件不符合岗位要求的应聘人员，以减少后期面试的工作量，在面试或笔试环节则要对应聘人员的专业能力、谈吐表达、性格特点等进行综合评估，以保证招聘质量，最终选聘到能胜任岗位的优秀人才。不能为了追求招聘速度而忽略录用人员的质量，否则会影响人力资源的内部控制，甚至影响公司的整体运行。

3.拓展招聘渠道

目前，A公司的招聘方式分为校园招聘和社会招聘两种。校园招聘通常是当周边高校有就业双选会时，在校园内摆设摊位，进行现场的简历投递与面试；社会招聘通常是借助招聘网站进行，招聘渠道不够丰富。

就校园招聘环节来说，A公司可以尝试增加主动举办高校宣讲会的招聘形式，一方面可以增加学生的关注度，另一方面可以加深学生对企业的了解，从而更有针对性地招聘合适的人才。

就社会招聘来说，可以选择不同的招聘渠道招聘不同的人才。例如，招聘普通行政类工作人员可以只在招聘网站上发布职位，而招聘高端研发人员时，可结合现代化手段（如微信公众号）进行招聘，以增加招聘信息的浏览量。

4.重视员工离职原因分析

A 公司如今并未对员工离职时提出的对公司的意见和建议进行归纳、整理与分析，而实际上这些内容很可能是优化 A 公司人力资源内部控制的重点。员工是人力资源内部控制的主体因素，员工对公司人力资源内部控制制度的感知往往比制度的制定者和监督者更直观，因此其提出的意见和建议必须予以重视。如果能对员工提出的公司确有的不足之处加以改善，A 公司人力资源内部控制有效性必将得到很大提升，也有利于公司战略目标的实现。

三、重视员工教育与培训，优化薪酬体系

（一）重视员工教育与培训

高新技术企业如今的发展日新月异，其产品和技术更新很快，员工对新技术和新政策的理解也应跟得上时代的步伐。因此，A 公司必须重点加强对研发技术人员的技术技能培训，同时也应就新政策、新制度全面加强对财务、人力等职能部门的培训。另外，对营销人员来说，也不能忽视礼仪、话术、新产品介绍等方面的培训。总之，培训教育是对员工进行精神激励的重要举措之一，在设计培训内容时要关注不同部门员工的需求，使培训内容更有针对性，不能全体员工同时进行同一种业务培训——如此不仅起不到培训的效果，还有可能打击员工的工作积极性。

人力资源部门要深入调查公司各部门、各员工的发展情况，结合公司的发展战略和企业文化，结合国家政策及新出现的产品技术，编制培训计划和确定培训目标。培训期间，要提高员工对培训的重视程度，让员工积极参与，努力提升自己各方面的能力，增强员工对企业的认同感。

组织培训虽然要花费一定的人力、物力和财力，但如果培训得到有效实施，其带来的回报也是非常可观的。一些大型企业的实践经验表明，公司对员工培

训进行的投资在未来 5 年内至少可以获得 5 倍的回报。而如今 A 公司在员工培训方面的投入不足，公司对员工进行的有针对性的内、外部培训不能适应当今社会的要求，这在很大程度上阻碍了公司员工及公司整体的发展。因此，根据公司的运营现状，A 公司必须大力加强对员工的培训，增加培训的频次尤其是专业类培训，以有针对性地提升员工的专业能力。

A 公司还需要引导员工树立终身学习的理念。员工个人的主观能动性在公司运营中能起到很大的作用，在培训中也是如此。如果员工不愿主动学习新知识、新业务，那么即使企业为其创造了培训环境也起不到应有的作用。因此，公司需要大力宣传终身学习的理念，可将培训制度与绩效激励制度挂钩，确保员工端正学习态度，明确学习目标，这样培训才能更高效。

（二）优化薪酬体系

在薪酬模式方面，可继续采用 A 公司原本的绩效工资制度，但需要详细划分薪酬等级及维度，明确浮动工资的计量标准并严格执行。具体方法如下：总体上，以员工所属岗位的岗位层级和工作内容及困难度为依据进行薪酬等级的基础划分，以此体现不同岗位的价值。此时，每个薪酬等级上将会有大量员工，但由于个人素质和工作能力不同，其为企业创造收益的能力也有一定区别，因此要在薪酬等级的基础上再进行二级划分，形成薪酬等级宽带，以此区分优秀、良好和普通员工。

A 公司设置的每一层薪酬等级都应有初级技术职称、中级技术职称、高级技术职称三个等级宽带，每个宽带内薪酬差距为 10%~15%，因为同岗位员工，随着经验的积累，其工作技能也会不断提高。同时，公司需要严格执行考核制度，每年应根据考核结果对高绩效和低绩效员工分别进行薪酬等级或等级宽带的升级和降级，以"岗变薪变"原则为基础对岗位变动的员工进行调薪。

具体岗位薪资由固定薪酬、浮动薪酬和福利组成。其中：固定薪酬包括基本工资、岗位工资、司龄工资和各项补贴，浮动薪酬则由企业效益提成（25%）

和绩效考核工资（75%）组成，福利包含了"五险一金"在内的法定福利和节庆红包等公司福利。具体薪资的高低需要人力资源部门定期对公司整体业绩情况和当地物价水平进行考量，结合同行业其他企业相似岗位的薪资水平，对 A 公司薪资额度进行整体调整。

四、强化激励机制，改善绩效管理方式

（一）强化激励机制

企业建立激励机制时要充分考虑员工的物质和精神需求，兼顾员工及公司的短期及长期利益，根据不同员工追求的特殊性对其激励手段进行相应调整，应从多角度来增强员工对公司的归属感和认同感，使其愿意主动、积极地为企业创造收益。通常来讲，物质激励是激励制度的基础。A 公司改善薪酬制度、加强薪酬体系的激励作用是必要的，在此基础上，辅以股权激励制度，推行员工持股计划，使员工具备劳动者和投资者的双重身份。如此一来，能提升员工对公司效益的重视程度，提高其参与度，使其更加关心并积极改善企业的经营成果。

A 公司可增加一些软性激励举措，提高员工对企业的忠诚度和对企业文化的认同感。管理序列和技术序列两种职业发展路径并行，帮助员工根据自己的职业发展规划和兴趣特长来选择自己未来的发展方向，将员工的发展和公司的发展融为一体，以降低企业的人才流失率。另外，可增加一些晋升激励制度，因为任何员工都希望自己的能力获得肯定，晋升激励制度可以满足员工这方面的需求，起到有效的激励作用。

（二）改善绩效管理方式

据前文描述，A公司制定的绩效考核制度是较为完善的，问题主要出在考核制度的执行上，因此为了保证A公司绩效考核制度执行的有效性，可通过多步骤的员工绩效考核程序，提高绩效考核的质量。

首先，可形成三级考核评估体系。一个完整的绩效考核流程要先后经过员工自我评测、分管部门领导评价、公司设立的专门的绩效委员会进行复评和审核三个阶段。其次，绩效考核制度要清晰、明确，保证公司内所有员工都对该制度有深入的认识和了解，让员工明白自己岗位的工作重点和考核重点。最后，建立健全绩效评估监督体系，由总裁、副总裁、人力资源部门总监、人力资源部门绩效考核管理负责人等成立考核监督小组，对绩效考核过程中存在的不公平、不公正现象予以纠正，尽可能地保证绩效考核结果客观、公正。

参 考 文 献

[1] 蔡黛沙，袁东兵，高胜寒.人力资源管理[M].北京：国家行政学院出版社.2019.

[2] 曹飞颖，刘长志，王丁.人力资源管理[M].天津：天津科学技术出版社.2019.

[3] 陈锦丽.浅谈民营企业如何做好新时代的人力资源管理[J].企业科技与发展，2022（2）：132-134.

[4] 陈伟.腾讯人力资源管理[M].苏州：古吴轩出版社.2018.

[5] 寸守栋.管理二元主体性对企业人力资源效能的影响研究[M].昆明：云南大学出版社.2020..

[6] 代仁才.新时代下事业单位人力资源管理的发展与创新路径分析[J].商业观察，2022（22）：71-74.

[7] 龚玉.新时代自然资源系统人力资源管理问题及对策研究[J].中国市场，2022（17）：118-120.

[8] 韩丽红.新时代事业单位人力资源管理的创新[J].人才资源开发，2021（12）：42-43.

[9] 韩泳.新时代企业战略性人力资源管理新模式探究[J].全国流通经济，2022（8）：94-96.

[10] 黄铮.一本书读懂人力资源管理[M].北京：中国经济出版社.2020.

[11] 李远婷.从菜鸟到专家：人力资源管理实战笔记[M].北京：北京时代华文书局.2019.

[12] 李志.公共部门人力资源管理[M].重庆：重庆大学出版社.2018.

[13] 梁文静.新时代国有企业思想政治工作与人力资源管理有效融合的思考

[J].中国集体经济，2022（18）：107-109.

[14] 林晓龙.试论新时代背景下如何做好国有企业人力资源管理工作[J].投资与创业，2022，33（4）：182-184.

[15] 林忠,金延平.人力资源管理[M].5版.大连：东北财经大学出版社.2018.

[16] 刘娜欣.人力资源管理[M].北京：北京理工大学出版社.2018.

[17] 刘燕,曹会勇.人力资源管理[M].北京：北京理工大学出版社.2019.

[18] 刘倬.人力资源管理[M].沈阳：辽宁大学出版社.2018.

[19] 罗塞尔.麦肯锡教你做人力资源管理[M].天津：天津科学技术出版社.2019.

[20] 吕菊芳.人力资源管理[M].武汉：武汉大学出版社.2018.

[21] 莫嘉雯.新时代人力资源管理对国有企业经济效益的影响[J].全国流通经济，2021（19）：114-116.

[22] 欧阳远晃,王子涵,熊晶远.现代人力资源管理[M].长沙：湖南师范大学出版社.2018.

[23] 彭剑锋.人力资源管理概论[M].3版.上海：复旦大学出版社.2018.

[24] 祁雄,刘雪飞,肖东.人力资源管理实务[M].北京：北京理工大学出版社.2019.

[25] 孙默；张景亮.新时代背景下企业人力资源管理研究[M].长春：吉林科学技术出版社.2019.

[26] 汪阳.新时代背景下企业人力资源管理面临的挑战与思考[J].产业创新研究，2021（15）：101-103.

[27] 王凤鸣.新时代背景下高职人力资源管理专业教学创新研究[J].科技风，2022（21）：95-97.

[28] 王海燕.新时代行政事业单位人力资源管理的创新研究[J].大庆社会科学，2022（1）：102-104.

[29] 王文军.人力资源培训与开发[M].长春：吉林科学技术出版社.2020.

[30] 王星. 试论新时代人才观对国有企业人力资源管理的指导意义[J]. 铁路采购与物流，2022，17（6）：77-78.

[31] 温晶媛，李娟，周苑. 人力资源管理及企业创新研究[M]. 长春：吉林人民出版社. 2020.

[32] 奚昕，谢方. 人力资源管理[M]. 2版. 合肥：安徽大学出版社. 2018.

[33] 徐明，陈斯洁. 新时代人力资源管理创新发展的逻辑、问题和实现路径[J]. 中国人事科学，2022（5）：24-33.

[34] 许娟. 新时代企业人力资源管理中存在的问题与对策思考[J]. 商场现代化，2021（24）：67-69.

[35] 薛鹏. 新时代事业单位绩效考核在人力资源管理中的作用探究[J]. 黑龙江人力资源和社会保障，2022（7）：85-87.

[36] 闫玲. 新时代高校人力资源管理研究[J]. 高校后勤研究，2022（4）：68-70.

[37] 张传一. 新时代推进国有企业人力资源管理科学化的路径分析[J]. 商场现代化，2022（21）：72-74.

[38] 张雪玲. 新时代企业人力资源管理的优化途径分析[J]. 现代商业，2022（27）：78-80.

[39] 赵鹏程，徐有若. 新时代企业人力资源管理中的信息服务[J]. 人才资源开发，2022（10）：94-96.

[40] 郑凤丽. 新时代背景下企业人力资源管理面临的挑战与思考[J]. 环渤海经济瞭望，2021（10）：90-92.

[41] 郑晓芳. 新时代下国有天然气企业人力资源管理问题及应对[J]. 现代商贸工业，2022，43（3）：67-69.

[42] 朱艳玲. 新时代人力资源管理工作思考[J]. 柴达木开发研究，2022（1）：21-25.